Ernst Boxberg

Legale Werbung für Ihre Praxis

Der Autor

Dr. jur. E. Boxberg

geboren 1935 in Köln, Studium der Philosophie und Rechtswissenschaft an der Universität Köln, München und Barcelona.

Wissenschaftlicher Assistent in Köln. Seit 1968 Rechtsanwalt in München.

Ernst Boxberg

Legale Werbung für Ihre Praxis

Physiotherapie
Massage
Sporttherapie
Logopädie
Ergotherapie
Heilpraktiker

Ein Leitfaden mit konkreten Ratschlägen in Text und Bild

2., bearbeitete und ergänzte Auflage

URBAN & FISCHER
München · Jena

Zuschriften und Kritik an:
Urban & Fischer, Lektorat Fachberufe, Karlstraße 45, 80333 München

Autor:
Dr. jur. Ernst Boxberg, München

Die Deutsche Bibliothek – CIP-Einheitsaufnahme
Ein Titeldatensatz für diese Publikation ist bei
Der Deutschen Bibliothek erhältlich

1. Auflage 1995 (GESUNDHEITS-DIALOG Verlag GmbH, Oberhaching)
Alle Rechte vorbehalten
2., bearbeitete und ergänzte Auflage
© 2000 Urban & Fischer Verlag München • Jena

00 01 02 03 04   5 4 3 2 1

Das Werk einschließlich aller seiner Teile ist urheberrechtlich geschützt. Jede Verwertung außerhalb der engen Grenzen des Urheberrechtsgesetzes ist ohne Zustimmung des Verlages unzulässig und strafbar. Das gilt insbesondere für Vervielfältigungen, Übersetzungen, Mikroverfilmungen und die Einspeicherung und Verarbeitung in elektronischen Systemen.

Lektorat: Christiane Tietze
Herstellung: Detlef Mädje
Titelillustration: Ludwig Hohlwein, Lucian Bernhard, © VG Bild-Kunst, Bonn 2000
Umschlaggestaltung: prepress ulm GmbH, Ulm
Satz: Bader · Damm · Kröner, Heidelberg
Druck und Bindung: Druckhaus „Thomas Müntzer" GmbH, Bad Langensalza

Printed in Germany

ISBN 3-437-46861-8

Aktuelle Informationen finden Sie im Internet unter der Adresse:
Urban & Fischer: http://www.urbanfischer.de

Inhaltsverzeichnis

Vorwort		XI
Einleitung		1
1	**Begriffsdefinition „Werbung"**	5
1.1	Werbeadressaten	6
1.2	Werbesubjekte	7
1.3	Werbeinhalte	8
1.4	Werbeziele	10
1.5	Werbemittel	12
2	**Grenzfälle von Werbung**	15
2.1	Redaktionelle Berichterstattung	15
2.2	Redaktionell gestaltete Anzeige	19
2.3	Redaktionelle Hinweise	21
2.4	Redaktionelle Zugaben	21
3	**Legale und verbotene Werbung**	25
3.1	Unsicherheit der Abgrenzung	25
3.2	Darstellung des Erlaubten und Verbotenen	27
3.3	Die Verbotstatbestände	28
3.4	Die werbebehindernden Vorschriften	29
4	**Das Heilmittelwerbegesetz**	33
4.1	Verfahren, Behandlungen	33
4.2	Erkennen und Helfen bei Krankheiten	34
4.3	Mittelbare und unmittelbare Werbung	35
4.4	Publikumswerbung und Werbung in Fachkreisen	35
4.5	Die Generalklausel und der Maßnahmenkatalog	38
4.5.1	Die Generalklausel	39
4.5.2	Der Maßnahmenkatalog	49
4.6	Produktwerbung und Firmenwerbung	55

5	**Das vertragliche Wettbewerbsverbot**	59
5.1	Wettbewerbsverbote in Versorgungsverträgen	60
5.2	Die Bindungswirkung	61
5.3	Die kartellrechtliche Regelung	62
6	**Das allgemeine Wettbewerbsrecht**	71
7	**Wettbewerbsprobleme bei den medizinischen Fachberufen und Heilpraktikern**	77
7.1	Großwerbemaßnahmen	77
7.1.1	Kinowerbung	78
7.1.2	Rundfunkwerbung	78
7.1.3	Werbung auf öffentlichen und privaten Verkehrsmitteln	81
7.1.4	Werbung durch einen Stand auf öffentlichen und privaten Veranstaltungen	82
7.2	Werbung im Praxisumfeld	83
7.2.1	Praxisschild	84
7.2.2	Praxisschild einer Gesellschaft (Praxisgemeinschaften und Gemeinschaftspraxen)	87
7.2.3	Praxisfenster / Schaufenster	89
7.2.4	Autoreklame	91
7.2.5	Lichtreklame / Leuchtreklame	92
7.2.6	Werbung auf Wegweisern	93
7.2.7	Werbung durch Konkurrenz	94
7.3	Prospekt- und Zeitungswerbung	96
7.3.1	Briefkastenwerbung / Postwurfsendung	96
7.3.2	Prospektwerbung	102
7.3.3	Werbebriefe	105
7.3.4	Faltblätter / Handzettel	105
7.3.5	Hotelprospekte	106
7.3.6	Zeitungs- und Zeitschriftenbeilagen	107
7.3.7	Hauszeitschriften	107
7.3.8	Werbung gegenüber Kindern und Jugendlichen	109
7.3.9	Grenzen der Prospektwerbung	109
7.4	Werbung durch Sportvereine oder andere Gruppen	110
7.4.1	Trikotwerbung	110
7.4.2	Textilwerbung	111
7.4.3	Bandenwerbung	112
7.4.4	Mannschaftsabbildungen	113
7.5	Zeitungswerbung	114
7.5.1	Informationsanzeigen	114

7.5.2	Inserate / Werbeanzeigen	117
7.5.3	Fachliche Veröffentlichung	120
7.5.4	Redaktionelle Berichterstattung	120
7.5.5	Redaktionelle Anzeigen	122
7.5.6	Tendenz zur Förderung von Werbemöglichkeiten	123
7.6	Werbegaben	124
7.6.1	Kugelschreiber	128
7.6.2	Feuerzeuge / Taschenmesser / Briefbeschwerer	128
7.6.3	Notizbücher	128
7.6.4	Kalender	128
7.6.5	Terminplaner	129
7.6.6	Visitenkarten	129
7.6.7	Taschenbücher / Schallplatten / Videoaufnahmen	129
7.7	Werbung auf Informationstafeln und Broschüren	130
7.7.1	Stadtbezirkstafeln	130
7.7.2	Notruftafeln	133
7.7.3	Landkreistafeln	133
7.7.4	Berufsverzeichnisse	133
7.8	Werbung durch Selbstdarstellung	134
7.8.1	Werbung mit Niedrigpreisen	134
7.8.2	Werbung mit Exclusivität und Berufsbezeichnung	135
7.8.3	Werbung mit Leistungsangeboten	137
7.8.4	Werbung mit Verbandszeichen	137
7.8.5	Werbung mit erfundenen Logos	137
7.8.6	Werbung mit ausländischen Titeln	137
7.9	Werbung mit Hinweis auf gesetzliche Krankenkassen	139
7.9.1	bei Bekanntgabe von Krankenkassen und Hinweis auf Krankenkassen-Leistungen	140
7.9.2	bei Bekanntgabe von Krankenkassen ohne Hinweis auf Krankenkassen-Leistungen	141
7.9.3	bei Bekanntgabe von Krankenkassen und Hinweis auf Leistungen, die nicht Krankenkassen-Leistungen sind	141
7.9.4	bei Bekanntgabe von Krankenkassen-Leistungen ohne Hinweis auf die gesetzlichen Krankenkassen	142
7.9.5	bei Bekanntgabe von Leistungen, die nicht Krankenkassen-Leistungen sind, ohne Hinweis auf die gesetzlichen Krankenkassen	142
7.10	Werbung mit Gutachten, Krankengeschichten und Fremdsprachenausdrücken und sonstigen Veröffentlichungen	143
7.10.1	Gutachtenwerbung	143
7.10.2	Fachveröffentlichungen	145
7.10.3	Werbung mit fachlichen Empfehlungen und Prüfungen	146

7.10.4	Wiedergabe von Krankengeschichten	148
7.10.5	Werbung mit fremd- und fachsprachlichen Bezeichnungen	149
7.10.6	Werbung mit einer Werbeaussage, die geeignet ist, Angstgefühle hervorzurufen oder auszunutzen	151
7.10.7	Werbung mit Eigendiagnose und dem Angebot von Behandlungsmöglichkeiten und mit Fernbehandlung	152
7.10.8	Werbung mit Preisausschreiben, Auslobungen, Verlosungen	153
7.10.9	Sonstige Werbeverbote	155
7.11	Werbung mit bildlicher Darstellung	155
7.11.1	Personen in Berufskleidung oder bei der Ausübung von Tätigkeiten der Angehörigen der Heilberufe	156
7.11.2	Werbung durch bildliche Darstellung von körperlichen Veränderungen	161
7.11.3	Werbung durch vergleichende bildliche Darstellung	162
7.11.4	Werbung durch bildliche Darstellung des Wirkungsvorganges	164
7.12	Werbung durch eigene unrichtige bzw. irreführende Äußerungen	165
7.12.1	mit irreführenden Aussagen über die Wirksamkeit	166
7.12.2	mit irreführender Aussage über sicheren Erfolgseintritt	167
7.12.3	mit berufsfremden Therapieformen	167
7.12.4	mit irreführenden Berufs- oder Zusatzbezeichnungen	168
7.13	Werbung durch Äußerungen Dritter	169
7.13.1	mit Dank- und Anerkennungsschreiben	171
7.13.2	Werbung durch Gutachten und Zeugnisse Dritter	171
7.13.3	Werbung mit fachlichen Empfehlungen Dritter	172
7.13.4	Beispiele unzulässiger Werbung mit Äußerungen Dritter	172
7.14	Werbung bei bestimmten Krankheiten	173
7.15	Werbung durch Zugaben	175
7.15.1	mit Preisausschreiben, Verlosungen, u. a.	176
7.15.2	durch Abgabe von Mustern, Proben oder Gutscheinen	177
7.15.3	Bewirtung	177
7.15.4	Rabatte	178
7.15.5	Reisekosten und unentgeltliche Patientenbeförderung	178
7.15.6	Erteilung von Auskünften und Ratschlägen	179
7.15.7	Tag der offenen Tür	179
7.16	Praxisbezeichnung	179
7.16.1	Institut	180
7.16.2	Zentrum	180
7.16.3	Reha-Zentrum	181
7.16.4	Kuranstalt / Kurbad	182
7.16.5	Heilbad	183
7.16.6	Praxis für Physiotherapie / physikalische Therapie	183

8	**Arztempfehlung**	185
8.1	Gesellschaftsrechtlicher Zusammenschluß	185
8.2	Zuweisungen	187
9	**Werbung und Gewerbebetrieb**	189

Nachwort 191

Abkürzungsverzeichnis 193

Stichwortverzeichnis 195

Vorwort zur zweiten, bearbeiteten und ergänzten Auflage

Heilmittelbudgets, Richtgrößen, Ausgabenreduzierungen der gesetzlichen Krankenkassen und ein hieraus resultierendes geändertes Verordnungsverhalten der Ärzte führten zu Einkommenseinbußen bei den Mitgliedern der medizinischen Fachberufe. In dem Maße, in dem die Erträge zurückgingen, besannen sich mehr und mehr Praxisinhaber auf die Möglichkeit der Nutzung marktstrategischer Programme in der Hoffnung, hierdurch Einkommenslücken zu schließen. Die Mitglieder der nichtärztlichen Heilberufe, die (bedauerlicherweise) in ihrer Ausbildung keine Stunde in marktwissenschaftlichen Fragen unterrichtet worden sind, begannen, wenn auch zaghaft, sich der Möglichkeiten zu besinnen, auf sich und ihre beruflichen Leistungen hinzuweisen und ihre Leistungspalette vorzustellen.

Ein Mittel der Präsentation gegenüber dem Patienten und Kunden ist die Werbung. Hin und wieder begegnet man der Vorstellung, Werbung sei für die Mitglieder der medizinischen Fachberufe verboten. Die Anzahl dieser schlecht unterrichteten Personen schmilzt jedoch dahin. Häufiger taucht die Frage auf, was denn an möglicher Werbung erlaubt sei und welche Art von Werbung Erfolg bringe. Die Zeit ist schnellebig, und die Grenze zwischen erlaubter und verbotener Werbung verschiebt sich durch Rechtsprechung und Gesetzesänderung oft von Monat zu Monat. Daher schien es geboten, die „Legale Werbung" zu überarbeiten und zu ergänzen. Werbeträger wie das Internet waren bei der ersten Ausgabe noch weitgehend bedeutungslos. Begriffe wie Imagewerbung und Produktwerbung wurden noch nicht unterschieden und der Personenkreis, an den sich wettbewerbsrechtliche Vorschriften wenden, war durch diverse Gesetzesänderungen noch nicht so groß wie heute. Diesen Umständen soll die zweite überarbeitete Neuauflage dienen und aktuell informieren.

München, im Februar 2000 　　　　　　　　Ernst Boxberg

Einleitung

Der Schwerpunkt unserer Wirtschaftsordnung ruht auf dem marktwirtschaftlichen Prinzip. Der freie Wettbewerb ist der Regulator der einzelwirtschaftlichen Beziehungen. Zur Regelung aller möglichen Konfliktsituationen im Wettbewerbsrecht ist der Marktmechanismus jedoch nicht geeignet. Wo Wettbewerb ist, ist auch unlauterer Wettbewerb. Die Bekämpfung des unlauteren Wettbewerbs und die Sicherung des freien Wettbewerbs sind die großen Aufgaben, die der Rechtsordnung in einer Marktwirtschaft gestellt sind. Der Wettbewerb bedarf einer Zügelung durch das Gesetz. Dabei handelt es sich jedoch um Mindestregeln, um einen schrankenlosen Wettbewerb, bei dem jedes Mittel erlaubt ist, zu verhindern.

Der freie Wettbewerb erfordert gesetzliche Begrenzung.

Was für den Wettbewerb im allgemeinen gesagt wird, gilt mit gewissen Einschränkungen auch im Heilwesen. Auch dort herrschen keine wesentlich anderen Rechtsgrundsätze als beispielsweise für die Ernährungs- oder Landwirtschaft, die Automobil- oder Elektrogeräteindustrie, wenngleich das Gesundheitswesen einen höheren rechtlichen Schutz beansprucht.

Besonderer Schutz im Gesundheitswesen

Die frühere Rechtsprechung nahm an, im Heilwesen sei Werbung schlechthin verboten. 1981 hatte das Oberlandesgericht Hamm (in GRUR 1981, S. 911 f) noch festgestellt: „Im Rahmen des Standesrechts werden die Maßstäbe, welche für die Heilberufe gelten, wesentlich geprägt durch die Standesauffassung der das Bild der Heilberufe maßgeblich prägender Ärzte ..." Damit wurde das ärztliche Standesrecht quasi analog auf die nichtärztlichen medizinischen Fachberufe und die Heilpraktiker angewandt.

§ 21 der Berufsordnung der Ärzte lautet: „Dem Arzt ist jegliche Werbung für sich oder andere Ärzte untersagt."

Frühere Gleichstellung mit Ärzten. Ärzten ist Werbung verboten.

Entsprechend angewandt würde das bedeuten, weil die Ärzte nicht dürfen, ist auch den Physiotherapeuten, Masseuren und med. Bademeistern, Logopäden, Ergotherapeuten, Sporttherapeuten und Heilpraktikern Werbung untersagt. 1979 hatte das Oberlandesgericht Frankfurt dies bestätigt: „Auch Heilpraktiker unterliegen dem für Ärzte anerkannten Werbeverbot" (in WRP 1979, S. 11). Mit dieser übertragenen Anwendung eines Standesrechts auf andere Berufe räumte zunächst das Bundesverfassungsgericht 1987 auf. Den Rechtsanwaltsstand betreffend sagt das Verfassungsgericht, daß Richtlinien für die Beschränkung des Werberechts nur der Gesetzgeber erlassen kann. Weil aber bei den Rechtsanwälten das einzige dort geltende Gesetz, die Bundesrechtsanwaltsordnung keine Werberegelung oder Ermächtigung zum Erlaß von Richtlinien über Werbung enthält, können die Standesvertreter solche Richtlinien nicht mit Verbindlichkeit für und gegen ihre Berufskolleginnen und Berufskollegen schaffen. Das Bundesverfassungsgericht geht noch weiter. Artikel 12 des Grundgesetzes bestimmt: „Alle Deutschen haben das Recht, Beruf, Arbeitsplatz und Ausbildungsstätte frei zu wählen. Die Berufsausübung kann durch Gesetz oder aufgrund eines Gesetzes geregelt werden." Mit einem kritischen Blick auf Standesorganisationen führt das Verfassungsgericht aus, daß verengtes Standesdenken für Auflockerungen fortgeführter Berufsbilder hinderlich sein kann.

Zur Berufsausübung gehört auch das Recht auf Werbung.

Der Bundesgerichtshof detailliert diese Aussage noch schärfer. Im sog. Heilpraktikerurteil hatte er Mitte der achtziger Jahre zu entscheiden, ob ein verbandsinternes Werbeverbot mit Standesrichtlinien einer Heilpraktikerstandesorganisation Verbindlichkeit habe. Das Bundesgericht stellte fest, daß ein konkretes Werbeverhalten seiner Art nach mit den guten Sitten im Wettbewerb unvereinbar erscheinen (könnte), für die Frage (aber), ob dies der Fall ist, kann einer übereinstimmenden Auffassung innerhalb der beteiligten Berufskreise auch eine gewisse indizielle Bedeutung zukommen, sofern sie in einer Weise gefestigt ist, die den im Hinblick auf die Verfassungsrechtslage hohen Anforderungen genügt und, sofern sie mit den allgemeinen sittlichen Wertungen

Nur durch ein Gesetz kann das Recht auf Werbung beschränkt werden.

dermaßen in Einklang steht, daß ein Verstoß unmittelbar als sittenwidriges Handeln beurteilt werden kann. Das besagt einfacher ausgedrückt: Wenn ein Gesetzgebungsorgan ein Werbeverbot oder eine werbebehindernde Bestimmung erläßt, so greift diese, weil die einzig kompetente Stelle etwas – unter Beachtung der Verfassungsregeln des Artikels 12 Grundgesetz – gesagt hat. Ohne diese gesetzliche Grundlage kommt dem gesamten Standesdenken von Berufsorganisationen zunächst nur die Bedeutung eines Indizes zu. Hinzu kommen müßten schon eine korrespondierende sittliche Grundanschauung und die Anerkennung durch die Allgemeinheit sowie die hohe Schranke der Verfassungsrechtslage. Noch einfacher: Mit dem Gesetz lassen sich Werbeverbote aussprechen, ohne ein Gesetz ist dies kaum möglich.

Als Ausgangspunkt für die folgenden Untersuchungen besagt dies: Ärzte haben (aufgrund einer Ermächtigungsnorm) ein kodifiziertes Standesrecht. Die Berufsordnung für Ärzte in Bayern beschreibt in nicht weniger als 56 Zeilen die geforderten und maximal erlaubten Aussagen des Praxisschildes. Bis vor kurzem war die erlaubte Größe des Praxisschildes mit 35 × 50 cm limitiert.

Für Physiotherapeuten, Masseure und med. Bademeister, Sprachtherapeuten, Ergotherapeuten, Sporttherapeuten und Heilpraktiker gibt es kein korrespondierendes Standesrecht. Entsprechende Gesetze fehlen. Ein erhöhter Schutz ist jedoch wegen des hohen Gefährdungsgrades der Allgemeinheit im Gesundheitswesen notwendig. Werbung arbeitet mit einem breit gefächerten Instrumentarium: von Information bis zu suggestiv wirkender Beeinflussung. Es muß also im Heilwesen einen engeren Wettbewerbsschutz geben, dort wo Rechtsgüter des Gesundheitswesens verletzlich erscheinen. Das rechtfertigt den Grundsatz: Auch im Heilwesen ist Werbung zulässig und Information erwünscht, es sei denn, es wird gegen konkrete Verbotstatbestände, die der Gesetzgeber zum Schutz der Volksgesundheit und der Gesundheit des Einzelnen ins Leben gerufen hat, verstoßen.

Für die med. Fachberufe gibt es ein spezielles Werbeverbot.

1 Begriffsdefinition „Werbung"

Eine gesetzliche Definition für den Begriff Werbung gibt es nicht. Der Gesetzgeber hatte von einer Definition abgesehen, weil dieser Begriff auch in anderen Rechtsgebieten gebraucht wurde und man Auslegungsschwierigkeiten befürchtete.

Werbung zielt darauf ab, den Werbeadressaten durch geistig-seelische, also rationale und – vor allem – emotionale, aber psychisch zwangfreie Beeinflussung zu veranlassen, sich im Sinne der Ziele des Werbenden zu verhalten. So definiert Klein-Blenkers im Handwörterbuch der Betriebswirtschaft.

Werbung will beeinflussen.

Danach ist es das Ziel einer jeden Wirtschaftswerbung, mittels bestimmter Werbemittel oder Hilfen die Aufmerksamkeit einer potentiellen Abnehmerschaft zu erregen, diese über das Unternehmen, die angebotenen Waren und Leistungen inhaltlich zu informieren und dauerhafte Eindrücke zu vermitteln, um auf diesem Wege bestimmte Kaufentscheidungen zu beeinflussen. Zur Wirtschaftswerbung gehören also alle informations-

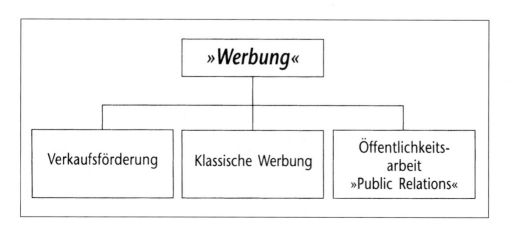

vermittelnden und meinungsbildenden Aussagen, die den Adressaten zu einem Handeln im Sinne bestimmter geschäftlicher Zwecke motivieren sollen. Wirtschaftswerbung umfaßt sowohl die Anpreisung, als eine besonders eindringliche Art der Werbung, wie auch eine nüchterne, sachlich informative Werbung (Doepner, Heilmittelwerbegesetz, Kommentar, Verlag Pfahlen, S. 39 mit weiteren Nachweisen).

Beeinflussung erfolgt durch Anpreisung oder Information.

Eine Definitionshilfe kann auch durch Abgrenzung der Werbung von verwandten Marketing-Strategien erfolgen. Sales-Promotion (Verkaufsförderung) ist eine komplexe absatzpolitische Maßnahme. Sie umfaßt neben der Werbung für Leistungen oder Produkte die Schulung des Verkaufspersonals, die Suche nach Absatz- und Verkaufsvorteilen, die Verwendung von verbraucherzuführenden Angeboten wie Preisausschreiben, Zugaben etc. Im Rahmen der Sales-Promotion ist Werbung also nur ein kleiner Ausschnitt. Public-Relations wendet sich nicht direkt oder gezielt an den Käufer oder Empfänger einer Dienstleistung. Die Public-Relations-Maßnahmen wenden sich an die Öffentlichkeit, um ein Unternehmen oder ein Produkt erstmalig bekannt zu machen, vorzustellen und Sympathie aufzubauen. Hier ist der Adressat ein anderer als bei der Werbung.

Werbung ist ein Teil der Verkaufsförderung.

1.1 Werbeadressaten

Es gibt verschiedene Möglichkeiten, Werbeadressaten zu erreichen:

Die Wirksamkeit einer Werbung hängt weitgehend davon ab, ob sie eine möglichst große Streuung erfährt, mit anderen Worten, eine große Anzahl von Personen erreicht, die als Zielgruppe einer bestimmten Werbemaßnahme angesprochen werden sollen. So wichtig die breite Streuung ist, so wichtig ist jedoch auch der ausgesuchte Personenkreis, den eine Werbung erreichen soll. Die richtige Auswahl ist von größter Bedeutung. Um ein

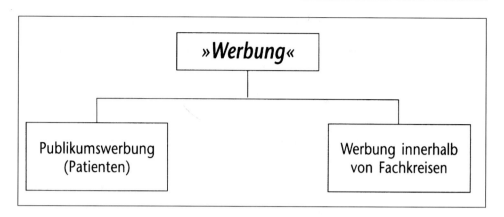

medizinisches Gerät zu verkaufen, sollte nicht der Patientenkreis, sondern der Kreis der Leistungsanbieter im Heilwesen als Adressat ausgesucht werden. Diesem Beispiel folgend spricht man von einer Publikumswerbung, (die sich an jedermann wendet, da jedermann als Produkt- oder Leistungsempfänger in Frage kommt) und Werbung innerhalb der Fachkreise (die sich nur an bestimmte fachlich ausgewählte Personen wendet). Der Unterschied zwischen Publikumswerbung und Werbung innerhalb von Fachkreisen ist für die Abgrenzung von zulässiger zu unzulässiger Werbung unter den Berufen im Heilwesen von größter Bedeutung. Das Angebot eines Medikamentes gegenüber einem Apotheker löst ganz andere intellektuelle und geistige Prozesse aus, als das Angebot desselben Medikamentes gegenüber einem erkrankten Patienten. Das erste Angebot wäre ein Angebot innerhalb der Fachkreise; die Alternative wäre Publikumswerbung.

Publikumswerbung ist von Werbung in Fachkreisen zu unterscheiden.

1.2 Werbesubjekte

Werbesubjekte sind die Werbetreibenden selbst. Alle Mitglieder der Heilberufe können Werbung treiben. Sie können dies als Einzelpersonen oder als ein beschränkter Personenkreis tun. Sie können sich mit ihrer Werbung an jedermann oder ihren Patientenkreis richten (Publikumswerbung) oder nur an ihre Fachkollegen (Fachwerbung). Der Kreis der angesprochenen Werbeträger ist sehr groß. Er umfaßt sämtliche Selbständige, wie auch abhängige Berufsträger, deren Tätigkeitsmerkmal darin besteht, daß unmittelbar oder assistierend, wenn auch nur in handwerklich instrumentaler Form, ein Dienst für die Gesundheit gegenüber dem Menschen und Tier erbracht wird. Daher zählen hierzu Ärzte, Heilpraktiker, Mitglieder aller medizinischen Fachberufe sowie Sporttherapeuten, die sich aus dem Beruf der (Diplom-)Sportlehrer qualifiziert haben.

1.3 Werbeinhalte

Die gesamtwirtschaftliche Nutzung der Werbung ist keineswegs unumstritten. Dies gilt in gleicher Weise für die Werbung unter den Mitgliedern der medizinischen Fachberufe. In einem sehr vereinfachten Beispiel soll dies erläutert werden. Die Mitglieder der med. Fach-

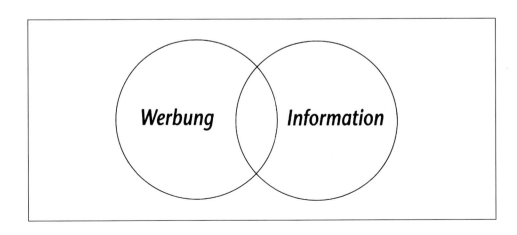

Informative Werbung	**Suggestive Werbung**
Nützlich und mit relativ wenig Problemen behaftet	Problematisch und umstritten

berufe verzichten zunächst einmal alle auf Werbung. Dann beginnen einzelne Vertreter dieses Berufsstandes zu werben. Sie erhalten zwangsläufig Wettbewerbsvorteile. Es entschließen sich die bis dahin auf Werbung verzichtenden Berufsmitglieder, ebenfalls Werbemaßnahmen durchzuführen, und schließlich wirbt der gesamte Berufskreis. Gegenüber dem ursprünglichen Zustand wird für die Werbungtreibenden lediglich der Ausgabenhaushalt verändert, nicht jedoch die Ertragssituation. Werbung kostet Geld. Die Anzahl der Werbeadressaten kann jedoch nicht planvoll und gleichzeitig ertragsmaximierend erhöht werden. Der Ausgabe steht keine entsprechende Einnahme gegenüber. Deshalb setzt sich im Heilwesen nach und nach die Erkenntnis durch: Werbung, die informiert, kann nützlich sein; Werbung, die suggeriert, ist weitgehend überflüssig, da sie teuer ist.

Es gibt jedoch auch eine ausgesprochen nützliche Werbung. Wer außer den im Ausbildungsstudium vermittelten Fähigkeiten und Kenntnissen weitere Befähigung durch die Teilnahme an Weiterbildungskursen erlangt hat, sollte diese Qualifikation mitteilen dürfen. Er grenzt sich positiv ab gegenüber dem Berufskollegen, der auf Weiterbildung verzichtete. Die Mitteilung einer Zusatzqualifikation ist auch Werbung. Die Begriffe Information und Werbung stehen nicht ohne Berührung nebeneinander, sie decken sich vielmehr teilweise. Eine

Werbung ist in der Regel teuer. Sie muß nicht immer nützlich sein.

Informierende Werbung ist nützlich.

jede Information ist auch zu einem gewissen Teil Werbung, und fast eine jede Werbung besitzt auch einen Grad von Information. Damit sind die Hauptelemente der Werbung aufgezählt: Die informative Werbung und die suggestive Werbung, die auch als „Nichtleistungswettbewerb" bezeichnet wird. Der informativen Werbung stellt sich die Rechtsprechung und die Rechtslehre positiv und aufgeschlossen gegenüber. Die suggestive Werbung ist selbst bei der Betriebswirtschaft höchst umstritten.

1.4 Werbeziele

Es gibt viele verschiedene Arten der Werbeziele. Expansionswerbung wird der Therapeut anstreben, der eine Fachkollegin oder einen Fachkollegen eingestellt hat, sofern noch nicht eine die volle Beschäftigung versprechende Anzahl von Patienten die Praxis aufsuchen. Mit der Erhaltungswerbung bringt sich der Therapeut in Erinnerung, der mit meist zurückhaltenden Informationen an seine Patienten auf das Weiterbestehen der Praxis

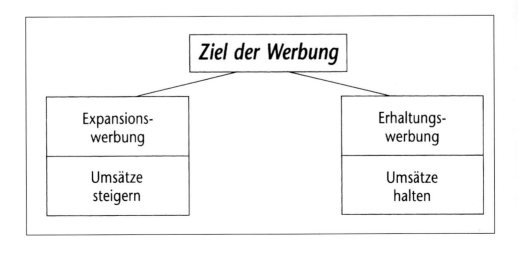

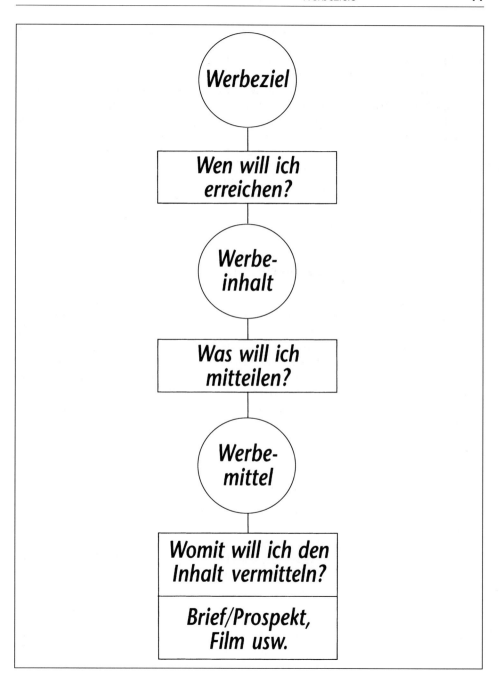

Mit der Werbung können unterschiedliche Einflüsse auf die Praxis angestrebt werden.

hinweist. Nach der Art der psychologischen Einflußnahme auf den Werbeadressaten unterscheidet man eine überschwellige Werbung und eine unterschwellige Werbung. Wer verspricht, daß Fettpölsterchen in kürzester Zeit durch eine bestimmte Geräteanwendung verschwinden, betreibt sicher ersteres. Nach der Art der Beteiligung des Werbetreibenden unterscheidet man Einzel- und Sammelwerbung. Wenn sich die Therapeuten einer Ortschaft zusammentun und im Lokalanzeiger für ihre Praxen eine Werbeanzeige schalten, ist dies eine Sammelwerbung. Nach der Art des Werbemittels kann man Ton-, Bild- und Anschauungswerbung sowie Wertwerbung unterscheiden. Die angesprochenen Berufsträger haben meist großen Informationsabgabebedarf für die von ihnen angebotenen Leistungen. Sie möchten sich mitteilen in Zeitungen, auf ihren Praxisschildern, vereinzelt auf dem Trikot einer Fußballmannschaft. Für sie gibt es auch die Möglichkeit der Bild- und Tonwerbung, z. B. der Kinowerbung und der Werbung im Hörfunk. Es soll nicht nur über die Werbeverbote berichtet werden, sondern es sollen auch Hinweise auf Werbemöglichkeiten erfolgen, die von den angesprochenen Verkehrskreisen nicht genutzt wurden, wahrscheinlich, weil sie als unzulässige Werbemaßnahmen angesehen wurden. Die Werbeziele sollen daher durch die zulässigen Werbemedien noch ergänzt werden.

Das Werbeziel wird durch verschiedene Mittel erreicht.

1.5 Werbemittel

Werbung erreicht den Werbeadressaten vornehmlich durch Wort und/oder Bild. Geschmacks- oder Geruchsmedien spielen für die Mitglieder der medizinischen Fachberufe keine Rolle. Werbung, die visuell wahrgenommen wird, erscheint in vielfältigster Form. Der gedruckte Informations- und Werbetext ist der häufigste. Er begegnet einem als Postwurfsendung, als Beilage in Zeitungen und Zeitschriften als Folder und Flyer, als Anzeigentext in Zeitungen und Informationsschriften, die besonderen Ereignissen gewidmet sind (Vereinsjubiläen, Schulabschlußfeiern, etc.). Die heute bekannten Druckerzeugnisse sind seit Jahren dieselben. Die bildlichen Werbemittel bekamen Zuwachs. Zu den Möglichkeiten der Kinowerbung, der teuren Fernsehwerbung kam in den vergangenen Jahren das Internet mit seinen vielfachen Möglichkeiten.

Mit welchen Mitteln geworben wird, ist für die Frage, ob eine Werbung erlaubt ist oder nicht, grundsätzlich bedeutungslos. Es ist also nicht denkbar, daß eine im Fernsehen zulässige Werbung im Internet rechtlichen Bedenken begegnen könnte. Auch das gesprochene Wort (im Rundfunk) kann – wenn es geschrieben präsentiert wird – keiner unterschiedlichen rechtlichen Beurteilung unterliegen (es sei denn, gerade durch die grafische Darstellung wird ein Effekt erzielt, der beim gesprochenen Wort nicht hörbar wäre und der beispielsweise eine unerlaubte Übertreibung darstellt). Die Fensterbeschriftung wird daher genauso bewertet wie Werbehinweise auf Kraftfahrzeugen, örtlichen Werbetafeln oder in Tageszeitungen.

Wenngleich die Werbemittel für die Frage der rechtlichen Zulässigkeit bedeutungslos sind, so sind sie für die Effizienz von hohem Stellenwert. Die Empfehlung durch einen Arzt gegenüber seinen Patienten ist sicherlich durch einen hohen Grad an Wirksamkeit geprägt. Werbung im Fernsehen erreicht zwar viele Zuschauer, ist allerdings auch teuer, so daß das Kosten-Nutzen-Verhältnis fragwürdiger sein dürfte.

2 Grenzfälle von Werbung

Es gibt verschiedene Grenzfälle der Werbung, bei denen erst untersucht werden muß, ob es sich überhaupt um Werbung handelt. Es geschieht nicht selten, daß bei der Neugründung einer Praxis, bei einer Praxiserweiterung, der örtlichen Verlegung und auch ohne einen besonderen Anlaß von der Lokalpresse über ein therapeutisches Unternehmen berichtet wird. Reporter sind dabei ebenso um eine sachliche, interessante Darstellung bemüht, wie der Praxisinhaber an der Erwähnung seines Praxisbetriebes und seines Leistungsangebotes in der örtlichen Presse. Bei solchen Berichterstattungen ist die redaktionelle Berichterstattung von der redaktionell gestalteten Anzeige und der redaktionelle Hinweis von der redaktionellen Zugabe begrifflich zu unterscheiden.

Journalistische Berichterstattung kann – aber muß nicht – Werbung sein.

2.1 Redaktionelle Berichterstattung

Die redaktionelle Berichterstattung ist keine Werbung. Das wesentlichste Kriterium redaktioneller Berichterstattung ist ihre Unentgeltlichkeit. Sie muß in erster Linie zur sachlichen Unterrichtung der Leserschaft erfolgen und soll den Namen des Praxisinhabers und seine Anschrift nicht auffällig wiederholen. Natürlich hat eine solche Berichterstattung auch eine Werbewirkung. Diese Werbewirkung ist im Zweifel sogar noch größer, als wenn die Anzeige vom Praxisinhaber bestellt und bezahlt wird. Die redaktionelle Berichterstattung, die auch der Laie mühelos von bezahlter Werbung unterscheiden kann, läßt gerade wegen des vom Praxisinhaber nicht bezahlten Berichtes auf ein hohes Maß an Objektivität des Berichterstatters schließen. Trotz eines

Redaktionelle Berichterstattung wird nicht bezahlt ...

ABC-Wald Kurbad
Kuren und heilen zu

Nachdem die Heilwasser-Analysen von 1978 die ABC-Sole als »Natürliches Heilmittel des Bodens« anerkannt hatten, galt es für Bäder- und Fremdenverkehrs-Gesellschaft, die notwendigen Einrichtungen zu schaffen, um die Nutzung der Heilquelle zu gewährleisten. Die vorhandenen Anlagen des Bades und insbesondere der Sauna- und Bäderabteilung mußten ergänzt und vor allem um die erforderliche Wasseraufbereitung erweitert werden.

Für diese Baumaßnahmen hatten die Verantwortlichen bereits einen Plan erstellt.
- im Baderaum I die Installation für eine Unterwassermassage mit Stanger-Badeeinrichtung,
- im Baderaum II der Einbau dreier Edelstahlwannen mit Solewasser-Anschluß sowie Süßwasser-Anschlüssen (kalt und warm) und einer dazugehörigen Druckluftversorgung,
- in den Baderäumen II, III und IV die Installation medizinischer Wannen in solebeständiger Ausführung mit Anschlüssen für die Sole, kaltes und warmes Süßwasser, zentraler Druckluftversorgung, Dusch- und Reinigungsanlagen sowie eines SFT-Bestrahlungsgerätes,
- Ein Bewegungstherapiebecken mit den Maßen 5 × 4 mit einer Patienten-Hebe- und Beförderungs-Einrichtung. Dazu zwei Massageräume sowie alle erforderlichen Nebenräume für Büros, Personal, Material, Sanität und Technik.

Ambulante Behandlung

Das moderne Sole-Kurbad am ABC-Wald ist mit allen Einrichtungen ausgestattet, die Sie munter und fit machen. Nach Rücksprache mit Ihrem Arzt un Ihrem Versicherungsträger haben Sie hier die Möglichkeit der kurmäßigen Anwendung der Sole in Form einer offenen Badekur oder eines Kururlaubs.
Diese Kuren können Sie aber mit einem gültigen Rezept genausogut als ambulanter Patient absolvieren, das heißt, Sie nehmn an der Kuranwendung im Kurbad teil und kehren dann wieder nach Hause zurück. Das gilt für die Sole-Bewegungsbäder ebenso wie für Heil- und medizinische Bäder, Inhalationen, die Behandlung der weitverbreiteten Schuppenflechte, Bewegungstherapien und die Elektrotherapie, die beispielsweise als Erstmaßnahme bei einem schmerzhaften Hexenschuß eingesetzt wird. Dazu gehört auch die Sauna, die bei 70 bis 90 Grad Hitze die Muskeln entspannt und Herz und Kreislauf auf Vordermann bringt. Eine kräftige Massage löst und entfernt Stoffwechselschlacken und fördert die Durchblutung der Muskeln. Zur Behandlung von Lähmungen und Gelenkserkrankungen werden die Spezialmassagen auch unter Wasser ausgeführt.
Wenn Sie sich ausführlicher über das Angebot des ABC-Wald-Kurbades oder Kuren generell informieren wollen, fordern Sie bitte dort einen Prospekt an (ABC-Wald-Kurbad, Musterstraße 1, 80000 ABC-Stadt, Telefon: 00 00/11 22 33). Für eine Behandlung anmelden können Sie sich jederzeit telefonisch oder persönlich im Kurbad.

jeder Jahreszeit

Die Qualität der ABC-Sole – die gesättigte, mehr als 29-prozentige Salzlösung gilt als starke Sole – macht eine Verwendung des Heilwassers besonders für Bäder und Inhalationen möglich. »Die Sole in ABC eignet sich hervorragend zur Füllung von Wannen-, Bewegungs- bzw. Gemeinschaftsbädern«, vermerkte das Balneologische Institut X-Dorf in seinem Gutachten über das Wasser im Brunnen am ABC-Wald. Und: »Störende oder für die Heilwirkung charakteristische flüchtige Begleitstoffe sind in dem Wasser nicht enthalten.«

Die Heil- bzw. medizinischen Bäder im ABC-Wald-Kurbad fördern die Heilung und Rehabilitation des Patienten. In der 6-bis mehr als 29prozentigen Sole werden in den Wannenbädern vor allem die Schuppenflechte, Rheuma, Gicht, Ischias- und Frauenleiden kuriert. Perlsprudelbäder mit Heublume, Fichtennadel oder Kamille versetzt, wirken auf den Körper wie eine Mikromassage, regen den Kreislauf an und aktivieren das allgemeine Wohlbefinden.

Der Weg zur Kur

Fast jeder Bundesbürger hat einen Anspruch darauf, von einem Träger der Sozialversicherung die Kosten einer Kur ganz oder zumindest teilweise ersetzt zu bekommen. Die Kosten für eine Kur trägt

- die Krankenkasse, wenn Sie krankenversichert der Rentner sind,
- die Rentenversicherung, wenn Sie rentenversichert sind oder es eine bestimmte Zeit lang waren,
- das Sozialamt, wenn Sie weder renten- noch krankenversichert sind und nach dem Sozialhilfegesetz als bedürftig gelten,
- der Unfallversicherungsträger oder die Berufsgenossenschaft, wenn Sie einen Arbeitsunfall hatten,
- das Versorgungsamt, wenn Sie kriegs- oder wehrdienstgeschädigt oder das Opfer einer Gewalttat geworden sind,
- die Beihilfsstelle, wenn Sie Angehöriger des Öffentlichen Dienstes sind.

Egal, ob Sie eine geschlossene Kur, eine Sanatoriumskur oder stationäre Heilmaßnahmen beantragen, über die Notwendigkeit entscheidet der Arzt. Bei der Wahl des Kurortes werden Ihre Wünsche soweit wie möglich berücksichtigt. Bei einer offenen Badekur, für die zum Beispiel Mitglieder der Krankenkassen und z. B. Beschäftigte im Öffentlichen Dienst Zuschüsse erhalten, können Sie den Kurort und die Unterkunft im Einvernehmen mit Ihrem Arzt selbst bestimmen.
In diesem Fall ist die Höhe der Zuschüsse unterschiedlich: Im allgemeinen werden die Kosten für die ärztliche Behandlung, die Kurtaxe und die Kosten für die Kurmittel (physikalische Behandlung) voll und die Kosten für die Unterkunft zum Teil beglichen.

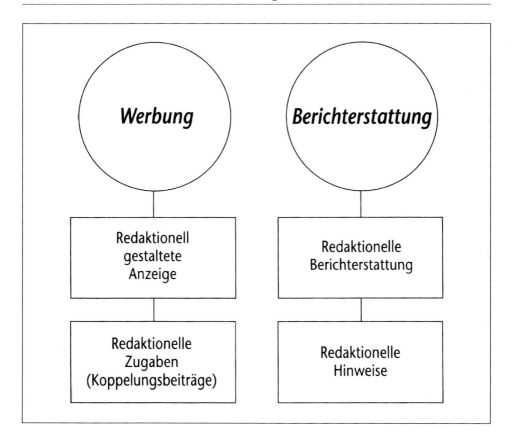

... und ist keine Werbung

im Einzelfall möglicherweise sehr hohen Werbeeffektes ist die redaktionelle Berichterstattung keine Werbung. Nach Ansicht des Bundesgerichtshofes (BGH Z 50,1) tritt die unvermeidliche Werbewirkung als eine Folge im Rahmen der durch die allgemeine Pressefreiheit geschützten Berichterstattung auf.

2.2 Redaktionell gestaltete Anzeige

Die redaktionell gestaltete Wirtschaftswerbung dagegen tritt in verschiedenen Erscheinungsformen auf. Die wichtigste ist die redaktionell gestaltete Anzeige, also eine entgeltliche Veröffentlichung in Zeitungen oder Zeitschriften. Meist weist die redaktionell gestaltete Anzeige einen Textteil und eine oder mehrere bildliche Darstellungen auf. Ihr Werbecharakter ist aufgrund ihrer redaktionellen Gestaltung und/oder ihrer ungenügend deutlichen Trennung vom Redaktionsteil für den flüchtigen Durchschnittsleser oft nicht ohne weiteres erkennbar.

Die redaktionell gestaltete Anzeige ist bezahlt ...

Motorrad-Sturz vor Bahn

Landkreis Musterhausen - Der Wintereinbruch hat vielen Verkehrsteilnehmern und damit auch der Polizei sowie den Rettungsdiensten im Landkreis Musterhausen schwer zu schaffen gemacht. Am Samstag ereigneten sich allein auf dem Autobahnabschnitt zwischen ABC-Stadt und XY-Dorf im Schneetreiben zehn typische Glätteunfälle, bei denen wie durch ein Wunder niemand verletzt wurde. Beteiligt waren 16 Fahrzeuge, die überwiegend gegen Leitplanken oder auf ihren Vordermann rutschten. Schadensbilanz: 75 500 Mark. Glück im Unglück hatte auch ein 32jähriger Wachmann, der unweit von Musterhausen mit seinem Motorrad ausgerechnet beim Überqueren des S-Bahn-Gleises stürzte. Als in diesem Moment die Bahn herangebraust kam, konnte er sich gerade noch in Sicherheit bringen. Zu dem spektakulären Vorfall war es am Samstag morgen gegen 6.20 Uhr gekommen. Der Wachmann war zunächst auf der Hauptstraße in nordwestlicher Richtung unterwegs. Als er sich mit seinem Motorrad, das er nun schob, im Gleisbereich befand, verlor er wegen der Schneeglätte den Boden unter den Füßen und stürzte. Die vier Monate alte Maschine kippte zur Seite und blieb auf den Schienen liegen. Die um diese Uhrzeit heranrasende S-Bahn schob es 800 Meter vor sich her; erst dann kam der Zug zum Stehen. Bis 7.25 Uhr mußte der S-Bahn-Verkehr unterbrochen werden. Sachschaden entstand in Höhe von 25 000 Mark.

Praxis-Neueröffnung Krankengymnastik im XY-Haus

»KRANKENGYMNASTIK IM XY-HAUS« heißt eine neu eröffnete Praxis, die neben krankengymnastischen Ganzbehandlungen auch Fango, Massagen sowie Sportphysiotherapie, Extensionen und Elektrotherapie anbietet. Die Krankengymnastin und Sportphysiotherapeutin Maria Musterfrau wird als Geschäftsführerin zusammen mit zwei Mitarbeiterinnen die im zweiten Obergeschoß des XY-Hauses liegende Praxis leiten, während Mustermann als Gesellschafterin zur Seite stehen wird. Mit der Einweihung der Praxisräume wurden die letzten leerstehenden Geschäftsräume in dem Komplex besetzt. Zahlreiche Vertreter von Firmen, Geschäftspartnern und von Musterdorfer Sportvereinen übermittelten der Geschäftsführung beste Glückwünsche, nachdem Stadtpfarrer Hans Muster die Räume gesegnet hatte.

verboten!

Motorrad-Sturz vor Bahn

Landkreis Musterhausen - Der Wintereinbruch hat vielen Verkehrsteilnehmern und damit auch der Polizei sowie den Rettungsdiensten im Landkreis Musterhausen schwer zu schaffen gemacht. Am Samstag ereigneten sich allein auf dem Autobahnabschnitt zwischen ABC-Stadt und XY-Dorf im Schneetreiben zehn typische Glätteunfälle, bei denen wie durch ein Wunder niemand verletzt wurde. Beteiligt waren 16 Fahrzeuge, die überwiegend gegen Leitplanken oder auf ihren Vordermann rutschten. Schadensbilanz: 75 500 Mark. Glück im Unglück hatte auch ein 32jähriger Wachmann, der unweit von Musterhausen mit seinem Motorrad ausgerechnet beim Überqueren des S-Bahn-Gleises stürzte. Als in diesem Moment die Bahn herangebraust kam, konnte er sich gerade noch in Sicherheit bringen. Zu dem spektakulären Vorfall war es am Samstag morgen gegen 6.20 Uhr gekommen. Der Wachmann war zunächst auf der Hauptstraße in nordwestlicher Richtung unterwegs. Als er sich mit seinem Motorrad, das er nun schob, im Gleisbereich befand, verlor er wegen der Schneeglätte den Boden unter den Füßen und stürzte. Die vier Monate alte Maschine kippte zur Seite und blieb auf den Schienen liegen. Die um diese Uhrzeit heranrasende S-Bahn schob es 800 Meter vor sich her; erst dann kam der Zug zum Stehen. Bis 7.25 Uhr mußte der S-Bahn-Verkehr unterbrochen werden. Sachschaden entstand in Höhe von 25 000 Mark.

ANZEIGE

Praxis-Neueröffnung
Krankengymnastik im XY-Haus

»KRANKENGYMNASTIK IM XY-HAUS« heißt eine neu eröffnete Praxis, die neben krankengymnastischen Ganzbehandlungen auch Fango, Massagen sowie Sportphysiotherapie, Extensionen und Elektrotherapie anbietet. Die Krankengymnastin und Sportphysiotherapeutin Maria Musterfrau wird als Geschäftsführerin zusammen mit zwei Mitarbeiterinnen die im zweiten Obergeschoß des XY-Hauses liegende Praxis leiten, während Mustermann als Gesellschafterin zur Seite stehen wird. Mit der Einweihung der Praxisräume wurden die letzten leerstehenden Geschäftsräume in dem Komplex besetzt. Zahlreiche Vertreter von Firmen, Geschäftspartnern und von Musterdorfer Sportvereinen übermittelten der Geschäftsführung beste Glückwünsche, nachdem Stadtpfarrer Hans Muster die Räume gesegnet hatte.

erlaubt

... und ist Werbung.

Die redaktionell gestaltete Anzeige muß deutlich mit dem Wort „Anzeige" gekennzeichnet sein, weil anderenfalls ein Verstoß gegen die Bestimmung des jeweiligen Landespressegesetzes in Betracht kommt und gegen die § 1 u. § 3 des Gesetzes gegen den unlauteren Wettbewerb (vgl. Baumbach-Hefermehl, § 1, Wettbewerbsrecht, Rdnr. 28 mit weiteren Nachweisen), verstoßen wird.

2.3 Redaktionelle Hinweise

Der redaktionelle Hinweis ist eine unbezahlte Veröffentlichung in Gestalt einer redaktionellen Berichterstattung, in der eine Person, ein Betrieb, ein Verfahren oder ein anderer Gegenstand der Berichterstattung ohne sachlichen Anlaß Erwähnung findet oder ein nicht näher begründetes, pauschales Lob erteilt wird; auf den angesprochenen Leserkreis angewendet heißt dies, daß eine Praxis oder ein Praxisinhaber eine sachlich nicht mehr begründete Herausstellung erfährt. Wo die überwiegend sachliche Information aufhört und die Absatzwerbung im redaktionellen Kleid beginnt, ist nur aufgrund einer Gesamtwürdigung von Anlaß und Inhalt des einzelnen Berichts feststellbar. Hierzu gehören die Fälle, in denen zwar z. B. über eine Praxiseröffnung durch einen Journalisten unentgeltlich berichtet wird, jedoch der Name des behandelnden Therapeuten oft erwähnt wird und auch die Adresse der Praxis über ein normales Maß hinaus Erwähnung findet. Die redaktionellen Hinweise sind Werbung. Hiervon gibt es ganz wenige Ausnahmen. Eine solche Ausnahme wäre eine Folgeberichterstattung über beispielsweise alle örtlichen physiotherapeutischen Praxen. Dies würde in jeder Einzelausgabe die mehrfache Erwähnung des Praxisinhabers notwendig machen. Er wäre auch besonders hervorgehoben. Dennoch liegt keine Werbung vor, da in den nächsten Ausgaben des Werbemediums ein anderer Berufsträger die gleiche Hervorhebung erfährt. Es handelt sich um eine redaktionelle Berichterstattung, die die Vorstellung aller örtlichen Vertreter einer Berufsgruppe zum Gegenstand hat.

Redaktionelle Hinweise sind zwar unentgeltlich ...

... aber dennoch Werbung, da sie eine Person besonders hervorheben ...

Es gibt allerdings Ausnahmen.

2.4 Redaktionelle Zugaben

Redaktionelle Zugaben sind redaktionelle Berichterstattungen zur Unterstützung einer bezahlten Anzeige.

Krankengymnastik im XY-Haus

»KRANKENGYMNASTIK IM XY-HAUS« heißt eine neu eröffnete Praxis, die neben krankengymnastischen Ganzbehandlungen auch Fango, Massagen sowie Sportphysiotherapie, Extensionen und Elektrotherapie anbietet. Die Krankengymnastin und Sportphysiotherapeutin Maria Musterfrau (Dritte von rechts) wird als Geschäftsführerin zusammen mit zwei Mitarbeiterinnen die im zweiten Obergeschoß des XY-Hauses liegende Praxis leiten, während Mustermann (Vierte von rechts) als Gesellschafterin zur Seite stehen wird. Mit der Einweihung der Praxisräume wurden die letzten leerstehenden Geschäftsräume in dem Komplex besetzt. Zahlreiche Vertreter von Firmen, Geschäftspartnern und von Musterdorfer Sportvereinen übermittelten der Geschäftsführung beste Glückwünsche, nachdem Stadtpfarrer Hans Muster die Räume gesegnet hatte.

Praxis-Neueröffnung
Krankengymnastik im XY-Haus
Maria Musterfrau

Krankengymnastin – Sportphysiotherapeutin
Behandlungsangebote: Krankengymnastische Ganzbehandlungen
Massagen - Fango
Manuelle Therapie und Cyriax
Eis- und Wärmebehandlungen
Extensionen - Elektrotherapie
Medizinische Trainingstherapie
Sportphysiotherapie

Termine nach Vereinbarung!
Musterstraße 1, 80000 Musterhausen, Telefon (0 00)11 22

Um der bezahlten Anzeige, die den Praxisinhaber als Initiator der Werbemaßnahme erkennen läßt, einen zusätzlichen Hauch Objektivität mitzugeben, können redaktionelle Zugaben erfolgen, die tatsächlich oder auch nur scheinbar unentgeltlich sind und die bezahlte Anzeige unterstützen. Es handelt sich hierbei immer um Kopplungsbeiträge, die wettbewerbswidrig sind und gegen § 1 der Zugabeverordnung verstoßen.

Redaktionelle Zugaben sind mitbezahlt und verboten.

3 Legale und verbotene Werbung

3.1 Unsicherheit der Abgrenzung

Werbung, die nicht verboten ist, ist erlaubt. Es würde genügen, die Verbote aufzuzeigen, um damit das herauszustellen, was erlaubt ist. Da es nur eine geringe Anzahl von Verbotstatbeständen gibt, wäre eine solche Auflistung einfach.

Die verschiedensten Versuche, auf diese Art und Weise eine Abgrenzung verbotener Werbemaßnahmen von erlaubten darzustellen, ist jedoch weitestgehend mißlungen. Zu groß und unübersichtlich ist der Bereich des Erlaubten. Nachdem man jahrzehntelang jede Werbung im Heilwesen für verboten hielt, ist heute die Suche nach dem Erlaubten so schwierig, daß eine Vermittlung dessen, was erlaubt ist, ohne Einzeldarstellung kaum gelingen mag.

Ärzte, Zahnärzte und Tierärzte besitzen eine Berufsordnung, welche vom abzulegenden Gelöbnis bis zur tierärztlichen Hausapotheke alle Bestimmungen enthält, die wie ein engmaschiges Netz die Tätigkeit und Berufsausübung umfassen. Die Rechtsprechung der 70er und 80er Jahre hat noch weitgehend den Eindruck vermittelt, als wenn das Standesrecht der Ärzte auf andere Medizinberufe in gleicher oder vergleichbarer Weise angewandt werden müßte. Für die medizinischen Fachberufe und für den Beruf des Heilpraktikers gibt es kein kodifiziertes Standesrecht. Es gibt kein Gesetz, in dem die Berufsträger aufschlagen und nachlesen können, daß sie nicht auf Notruftafeln werben oder Praxisnamen und Praxisanschriften auf der Heckscheibe ihres Personenkraftwagens anbringen können. Hierdurch entsteht Unsicherheit. Das OLG Köln entschied 1976 (in WRP 1976 S. 627), „daß Heilpraktiker – auch ohne,

Ärzte haben eine Berufsordnung mit Werbeverbot.

daß dies Ausdruck in Standesregeln zu finden braucht – gewissen Einschränkungen bei der Werbung (unterliegen)". Dies ergäbe sich, so folgerte das Oberlandesgericht, aus der Natur ihres Berufes, „der Heilberuf wie der der Ärzte ist, die ihrerseits im Interesse der Öffentlichkeit erheblichen wettbewerbsrechtlichen Werbebeschränkungen unterworfen sind."

Das Oberlandesgericht Hamm weist darauf hin, daß die Standesregeln nicht nur auf Ärzte beschränkt sind, „auch vergleichbare Berufe haben diese Regeln zu beachten" (in GRUR 1981 S. 912). Das Oberlandesgericht München urteilt noch am 22.04.1976 (in WRP 1976 S. 397): „Ärzte und Heilpraktiker befassen sich beide mit der Feststellung und Behandlung von Krankheiten sowie mit deren Vorbeugung. Die wettbewerbsrechtliche Zulässigkeit von Werbehandlungen kann für die Angehörigen der Heilberufe daher grundsätzlich nicht unterschiedlich beurteilt werden." Das Oberlandesgericht Köln entschied im gleichen Jahr: „Heilpraktiker unterliegen – auch ohne, daß dies Ausdruck in Standesregeln zu finden braucht – gewissen Einschränkungen bei der Werbung." Diese gerichtlichen Aussagen von Obergerichten der Bundesrepublik sind in ihrer Transparenz äußerst diffus. Was bedeutet der Satz: „Unterliegen gewissen Beschränkungen" oder „vergleichbare Berufe haben ärztliche Regeln zu beachten". Viele der gerichtlichen Entscheidungen regelten den Einzelfall vorbildlich, überließen der beobachtenden Allgemeinheit jedoch ein sehr schlechtes Bild bei der Abgrenzung von Erlaubtem zu Unerlaubtem. Für die Mitglieder der seinerzeit noch vorwiegend Heilhilfsberufe genannten med. Fachberufe gab es keine präzise Vorstellung für die Zulässigkeit ihrer Werbetätigkeit. Daher – das war die Folge – wurde zunächst eine jede Werbung als unzulässig betrachtet, weil ja auch dem Arzt jegliche Werbung untersagt ist. Diese Rechtsprechung kam Mitte der 80er Jahre in Fluß. Die Judikatur besann sich, daß ein verbindliches Werbeverbot nur dort bestehen kann, wo es auf gesetzlicher Grundlage errichtet wurde. Standesorganisationen, Berufsverbände und auch die Ansicht der Bevölkerung sind nicht geeignet, als Entscheidungsträger für werbebehindernde Maßnahmen zu fungieren. 1989 entschied der Bundesgerichtshof,

Das ärztliche Berufsrecht wurde in der Vergangenheit als analog anwendbar erklärt.

Die Rechtsprechung über eine analoge Anwendung ist unklar.

daß ein „Allgemeines Werbeverbot für Heilpraktiker ... wegen seines die freie Berufsausübung im Sinne des Art. 12 GG einschränkenden Charakters – nicht allein durch eine einheitliche Standesauffassung der Heilpraktiker, und nicht durch deren – als Berufsordnungen bezeichneten – Vereinssatzungen begründet werden kann; es setzt vielmehr das Eingreifen des Gesetzgebers voraus (BVerfGE 76 S. 171 ff). Beschränkung der Werbefreiheit wurde also als ein Eingriff in die grundgesetzlich geschützte Berufsausübungsfreiheit betrachtet. Dies hatte im Jahre 1987 bereits das Rechtsanwaltswerbeurteil (NJW 1988 S. 194) wie folgt ausgedrückt: „Eingriffe in die freie Berufsausübung fordern nicht nur eine gesetzliche Grundlage, sondern sind nach ständiger Rechtsprechung nur dann mit Artikel 12 I GG vereinbar, wenn sie durch ausreichende Gründe des Gemeinwohls gerechtfertigt werden und wenn sie dem Grundsatz der Verhältnismäßigkeit genügen, wenn also das gewählte Mittel zur Erreichung des verfolgten Zweckes geeignet und auch erforderlich ist und wenn bei einer Gesamtabwägung zwischen der Schwere des Eingriffs und dem Gewicht der ihn rechtfertigenden Gründe die Grenze der Zumutbarkeit noch gewahrt ist." Diese epochemachenden Urteile sind jedoch nie in das Bewußtsein der Heilberufsträger eingedrungen und zu ihrem beruflichen Selbstverständnis geworden. Die alten nebulösen Vorstellungen galten weiter und die neuen höchstrichterlichen Entscheidungen blieben weitgehend unbekannt, da sie von den Berufsverbänden nicht bemerkt und in den Fachzeitschriften nicht veröffentlicht wurden. Der tatsächliche Erdrutsch in der Beurteilung des Werbeverhaltens der nicht ärztlichen med. Assistenzberufe blieb also weitgehend unbeachtet. Dabei ist seine Umsetzung in eine verständliche Sprache sehr einfach: Für die med. Fachberufe ist die Werbung als zulässig erklärt worden, und nur dort bestehen Werbeverbote, wo eine die Berufsausübung einengende gesetzliche Regelung eingreift.

Die Obergerichte fordern für Werbebeschränkungen gesetzliche Grundlagen.

Die obergerichtlichen Entscheidungen bleiben unbekannt.

3.2 Darstellung des Erlaubten und Verbotenen

Was nicht verboten ist, ist erlaubt.

Die im letzten Kapitel beschriebene Unsicherheit über die Abgrenzung von Erlaubtem zu Verbotenem in der Werbung könnte zu der Auffassung führen, daß die Mitteilungen des Verbotenen für die Leser ausreichen müßte, um hieraus das Erlaubte erkennen zu können. Das ist nicht der Fall. Die Unsicherheit sitzt zu tief, die analoge Anwendung von ärztlichem Standesrecht wurzelt noch zu hartnäckig, und die Aufklärung über erlaubte Wettbewerbsmaßnahmen war zu dünn, um selbsterarbeitetes „argumentum e contrario", einen Beweis des Zulässigen aus dem Gegenteil des Unzulässigen, erwarten zu dürfen. Daher sind neben den unzulässigen Werbemaßnahmen auch die wichtigsten zulässigen darzustellen.

3.3 Die Verbotstatbestände

Wettbewerbsverbote bestehen aufgrund von Gesetzen ...

Verbote bestehen meist aufgrund gesetzlicher Vorschriften. In dieser Form sind sie allgemeinverbindlich, d. h. sie gelten für und gegen jedermann (der vom Gesetzgeber angesprochen wird). Verbote können auch entstehen durch Vereinbarungen. Sie sind jedoch problematisch, sofern es sich um Wettbewerbsverbote handelt.

... und von Vereinbarungen.

Dabei handelt es sich um Vereinbarungen, wonach „ein Unternehmer einem anderen generell oder in einem abgegrenzten Waren- oder Leistungsbereich keinen Wettbewerb machen darf." Wettbewerbsverbote sind jedoch nur dann zulässig und verstoßen nicht gegen § 1 des Gesetzes zum Schutz gegen Wettbewerbsbeschränkungen (GWB) und § 138 BGB und sind dann nicht unwirksam, wenn sie bei objektiver Beurteilung und unter Berücksichtigung der auf die Freiheit des Wettbewerbes gerichteten Zielsetzung des GWB nach Art und Umfang (sachlich und zeitlich) notwendig sind, um bei Austauschverträgen den Waren- und Dienstleistungsverkehr um redlichen und von Treu und Glauben geprägten Geschäftsverkehr abwickeln zu können. (Gloy-Handbuch des Wettbewerbsrechts § 35 Anm. 7). Diese Standardregel wird bei den später detailliert darzustellenden Verbotsbeständen stets zu beachten sein.

3.4 Die werbebehindernden Vorschriften

> *Es gibt nur drei Rechtskreise, die Einfluß nehmen auf eine Beschränkung von Werbemaßnahmen unter Mitgliedern der med. Fachberufe:*
> – *das Heilmittelwerbegesetz*
> – *Werbeverbotsabreden in den Versorgungsverträgen mit den gesetzlichen Krankenkassen*
> – *die allgemeinen Regeln des Wettbewerbsrechts, soweit sich diese auf die med. Fachberufe erstrecken.*

Darüber hinaus gibt es keinen werbebehindernden gesetzlichen Einfluß. Allerdings sind die hier aufgeführten Rechtskreise unterschiedlich breit gefächert.

Drei Rechtsquellen für Werbeverbote:

Das Heilmittelwerbegesetz umfaßt eine Generalklausel und darüber hinaus einen Beispielkatalog. Die Generalklausel untersagt jedwede irreführende Werbung. Der Beispielkatalog des HWG nennt explizit einige Täuschungstatbestände, die aufgrund der Generalklausel nicht sicher erfaßt werden können.

Heilmittelwerbegesetz,

Die wettbewerbsbehindernden Abreden in den Versorgungsverträgen, die gemäß § 125 Sozialgesetzbuch V (SGB V) zwischen Leistungserbringern bzw. den Berufsorganisationen dieser Personen einerseits und den gesetzlichen Krankenkassen andererseits abgeschlossen wurden, entfalten ihre rechtliche Wirksamkeit nur unter den Vertragspartnern. Mit diesen werbebehindernden

Wettbewerbsabreden in Verträgen,

Abreden verpflichten sich die Leistungserbringer, für die Abgabepflicht von Leistungen der gesetzlichen Krankenkassen keine Werbung zu betreiben. Diese Vereinbarung dient dem Zweck, die Mengenausweitungen der Leistungen der gesetzlichen Krankenkassen eindämmen zu helfen. Wenn Werbung umsatzfördernd wirkt, dann fördert sie auch den auf die Leistungspflicht der gesetzlichen Krankenkassen abgestimmten Umsatz.

Das UWG; Gesetz gegen unlauteren Wettbewerb

Wo es Wettbewerb gibt, gibt es auch unlauteren Wettbewerb. Zur Regelung der hierbei auftretenden Konfliktsituationen dient das allgemeine Wettbewerbsrecht. Es erstreckt sich auf den gesamten Wettbewerb aller Marktteilnehmer und Branchen und somit auch auf den Wettbewerb unter Mitgliedern der medizinischen Fachberufe und der Heilpraktiker. In diesem Bereich gelten keine anderen Regeln als für andere Berufe oder in anderen Branchen. Der Wettbewerb verdient daher im Heilwesen auch keinen stärkeren Schutz. Soweit die Folgen unlauteren Wettbewerbs einen Folgeschaden an

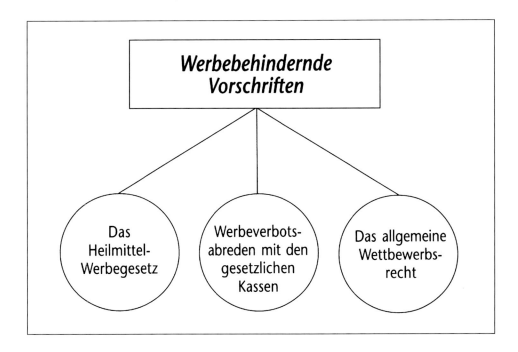

Menschen auslösen könnten, greift das Heilmittelwerbegesetz (HWG), das eben für solche weiteren Folgen von Wettbewerbsverstößen geschaffen wurde.

Die drei Rechtsquellen haben also unterschiedliche Schutzfunktionen: Das HWG schützt den Bürger vor Durchschlagsverletzungen, vor Verletzungsfolgen, die unlauterer Wettbewerb neben der Wettbewerbsverzerrung auslösen kann. Die Werbeverzichtsabreden schützen die Solidargemeinschaft durch einen kleinen Beitrag zur Beitragsstabilität der Sozialbeiträge.

Das Gesetz gegen unlauteren Wettbewerb (UWG) schützt den lauteren Wettbewerb.

4 Das Heilmittelwerbegesetz

In § 1 des HWG heißt es wörtlich: „Dieses Gesetz findet Anwendung auf die Werbung für

1. *Arzneimittel im Sinne des § 2 des Arzneimittelgesetzes,*
2. *andere Mittel, Verfahren, Behandlungen, Gegenstände, soweit sich die Werbeaussage auf die Erkennung, Beseitigung oder Linderung von Krankheiten, Leiden, Körperschäden oder krankhaften Beschwerden bei Mensch oder Tier bezieht."*

Für Berufe des Physiotherapeuten/Krankengymnasten, Masseurs und med. Bademeisters, Sprachtherapeuten, Ergotherapeuten, Sporttherapeuten und Heilpraktikers ist vor allem die Nr. 2 des § 1 HWG wichtig.

4.1 Verfahren, Behandlungen

Eine Abgrenzung von Verfahren und Behandlungen ist schwierig, wenn überhaupt möglich. Eine Unterscheidung ist jedoch auch nicht geboten, da der Gesetzgeber die beiden Begriffe immer zusammen nennt und ihnen keine unterschiedliche Bedeutung und keine ungleiche Behandlung zukommen läßt. Behandlung ist eine Anordnung oder Durchführung von prophylaktischen, diagnostischen und therapeutischen Maßnahmen, unter Anwendung heilkundlicher Erkenntnisse, die auf Erkennen, Beseitigung oder Linderung von Krank-

Behandlung ist jede prophylaktische, diagnostische oder therapeutische Maßnahme.

heiten, Leiden, Körperschäden oder krankhaften Beschwerden gerichtet sind (Bayerisches Oberstes Landgericht, Beschluß vom 20.12.1977, AZ: 3 Ob OW. 120/77).

Es ist nach der Regelung des § 1 Abs. 1 Nr. 2 des Heilmittelwerbegesetzes nicht notwendig, daß die Art oder die Methode der Tätigkeit ärztliche Fachkenntnisse voraussetzt. Auch die therapeutischen Verrichtungen handwerklicher oder technischer Art durch die Heilhilfsberufe, wie Krankenpfleger, Sanitäter werden bei Vorliegen der Zweckbestimmung von § 1 Abs. 1 Nr. 2 in der Werbung durch das Heilmittelwerbegesetz erfaßt. Hierzu gehören auch die Behandlungen durch die Mitglieder der med. Fachberufe und natürlich Heilpraktiker.

4.2 Erkennen und Helfen bei Krankheiten

Die Zwecke, die das jeweilige Verfahren bzw. die Behandlung verfolgen muß, sind ebenfalls durch § 1 Abs. 1 Nr. 2 des HWG gesetzlich festgelegt.

Die Behandlung muß der Erkennung, Beseitigung oder Linderung von Krankheiten dienen.

Diese Zwecke sind die Erkennung, Beseitigung oder Linderung von Krankheiten, Leiden, Körperschäden oder krankhaften Beschwerden bei Mensch oder Tier.

Der Anwendungsbereich des HWG erfaßt die Tätigkeiten bzw. Therapiemaßnahmen des Masseurs und med. Bademeisters, Physiotherapeuten/Krankengymnasten, Logopäden, Ergotherapeuten, Sporttherapeuten und natürlich Heilpraktikers.

Das HWG erfaßt nicht ausdrücklich die Vorbeugung bzw. Prophylaxe. Die redaktionelle Fassung des § 1 Abs. 1 Nr. 2 des HWG umfaßt die Erkennung, Beseitigung und Linderung. Von den Gerichten ist entschieden worden, daß auch prophylaktische Maßnahmen in den Anwendungsbereich des HWG fallen.

4.3 Mittelbare und unmittelbare Werbung

§ 1 HWG erfaßt auch die mittelbare Werbung. Mittelbar ist eine Werbung im Sinne dieses Gesetzes durch das Ankündigen oder Anbieten von Werbeaussagen, das Versenden von Einladungskarten zu einem Werbevortrag, das Versenden von Gutscheinen für Werbeprospekte.

Das HWG richtet sich auf diese Behandlungen.

Unmittelbar ist die angekündigte Aussage selbst, der Werbevortrag, zu dem Einladungskarten verschickt wurden oder die Werbeprospekte, für die Gutscheine versandt wurden.

4.4 Publikumswerbung und Werbung in Fachkreisen

Das HWG unterscheidet zwischen Publikumswerbung und Werbung in Fachkreisen. Der Grund dieser Unterscheidung ist die unterschiedliche Sachkenntnis der Werbeadressaten.

Als Fachkreise im Sinne dieses Gesetzes werden in § 2 HWG diejenigen bezeichnet, die Angehörige der Heilberufe oder des Heilgewerbes sind, Einrichtungen, die der Gesundheit von Mensch oder Tier dienen und sonstige Personen, soweit sie mit Arzneimittelverfahren, Behandlungen, Gegenständen oder anderen Mitteln erlaubterweise Handel treiben oder sie in Ausübung ihres Berufes anwenden.

Zu den Heilberufen zählen zum einen die Berufe, welche die Ausübung der Heilkunde zum Gegenstand haben, und deren Tätigkeiten die Erteilung der Approbation nach der Bundesärzteordnung oder die Erlaubnis nach § 1 Abs. 1 Heilpraktikergesetz (HPG) voraussetzt, wie dies z. B. bei Zahnärzten, Ärzten, Tierärzten, Heilprakti-

Das HWG richtet sich an alle Mitglieder der Heilberufe.

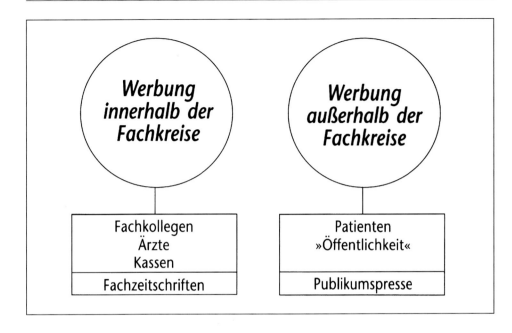

Zu den Heilberufen im HWG zählen alle med. Fachberufe, früher Heilhilfsberufe genannt.

kern, Tierheilpraktikern und Dentisten der Fall ist. Der Begriff der Heilberufe umfaßt auch sämtliche selbständige, wie abhängige Berufe, deren Tätigkeitsmerkmal darin besteht, daß unmittelbar oder assistierend, wenn auch nur in handwerklich instrumentaler Form, ein Dienst für die Gesundheit gegenüber dem Menschen oder dem Tier erbracht wird (amtliche Begründung zu § 4 Regierungsentwurf). Zu den Angehörigen der Heilberufe zählen auch die Angehörigen der Heilhilfsberufe (heute mehrfach genannt: medizinische Fachberufe), wie die Krankenpflegeberufe (Krankenpfleger, Krankenschwester, Kinderkrankenschwester, Krankenpflegehelfer), die technischen Heilhilfsberufe (technischer Laboratoriumsassistent, medizinisch-technischer Radiologieassistent, veterinär-medizinischer Assistent, pharmazeutisch-technischer Assistent, Masseure und medizinische Bademeister, Physiotherapeuten/Krankengymnasten, Logopäden, Ergotherapeuten, Hebammen, Apotheker und Apothekerassistenten). Auch die Sporttherapeuten sind Heilberufsträger, da nach dem Sinn des HWG alle Personen in den Fachkreisen erfaßt werden sollen, die im

Dienst der Gesundheit Leistungen anbieten und erbringen. Daher kommt es eher auf den ausgeübten Beruf (Sporttherapeut) und weniger auf den erlernten Beruf (Sportlehrer) an.

Zu den Angehörigen des Heilgewerbes werden alle Personen gezählt, die im Heilwesen tätig sind, aber keine freiberuflichen Leistungen, sondern gewerbliche Leistungen erbringen. Durch die Aufnahme diese Begriffes gibt der Gesetzgeber dem Personenkreis, für den das HWG gilt, einen Rahmen, indem er sich Begrifflichkeiten bedient, die im Handels- und Steuerrecht angesiedelt sind. Freiberufler und Gewerbetreibende machen den Bereich der Selbständigen Berufsträger aus. Hinzu kommen nur noch die Vollstrecker (Testamentsvollstrecker) oder Verwalter (Konkursverwalter), und diese Personengruppen sind im Heilwesen nicht angesiedelt.

Fachkreiswerbung richtet sich an die in § 2 HWG genannten Personen.

Jede Werbung, die innerhalb der genannten Personengruppen bleibt, ist Werbung innerhalb der Fachkreise. Werbung, die auch außerhalb der Fachkreise Personen ansprechen will, ist Publikumswerbung. Sie unterliegt speziellen Verboten nach dem HWG.

Publikumswerbung richtet sich an alle.

Wichtig ist vorab nur zu wissen, daß im HWG zwischen der Publikumswerbung und der Werbung innerhalb der Fachkreise unterschieden wird. Als Beispiel für die Werbung innerhalb der Fachkreise kann auf ein Schreiben verwiesen werden, das nur Kollegen der Heilberufe bzw. Heilhilfsberufe anspricht. Fachwerbung ist auch Werbung in einer Fachzeitschrift, die nur von Fachleuten bezogen werden kann. Ist eine med. Fachzeitschrift im Handel frei erhältlich, dann ist die in ihr vorgenommene Werbung Publikumswerbung. Liegt eine Zeitschrift im Wartezimmer auf, ist die in ihr enthaltene Werbung Publikumswerbung, wenn die Zeitschrift sich an alle Personen wenden soll; liegt eine Fachzeitschrift aus, die sich bestimmungsgemäß nur an den Behandler richten soll, dann macht die Einsichtnahme durch Patienten in der Zeitschrift enthaltene Werbung nicht zur Publikumswerbung.

Die Vorschriften der Publikumswerbung schützen den Patienten direkt.

Die Vorschriften der Fachwerbung sollen Irreführung im Vorfeld verhindern.

Zwischen Publikumswerbung und Werbung innerhalb der Fachkreise wird unterschieden, weil dem „Publikum" ein weitaus höherer Schutz zukommen muß, von beeinflussender Werbung angesprochen zu werden. Der Fachmann des Fachkreises ist längst nicht so stark durch Werbeeinflüsse gefährdet. Die Vorschriften der Publikumswerbung bezwecken in erster Linie den Schutz dieser med. Laien. Die Fachwerbung verfolgt den Zweck, irreführende Angaben von Behandlungen, Arzneimitteln und med. Gegenständen fernzuhalten, letztlich auch, um den Patienten zu schützen. Die Vorschriften der Fachkreiswerbung sollen Irreführungen schon im Vorfeld verhindern, ehe eine Behandlung durchgeführt, eine Medizin verabreicht oder ein med. Gegenstand verkauft werden kann.

4.5 Die Generalklausel und der Maßnahmenkatalog

Das HWG enthält eine Generalklausel, die schlechthin jedwelche irreführende Heilmittelwerbung verbietet und einen Maßnahmenkatalog, in welchem typische Fälle der Irreführung dargestellt sind.

4.5.1 Die Generalklausel

Nach § 3 des HWG ist irreführende Werbung unzulässig. Nach dem Gesetzestext liegt eine Irreführung insbesondere dann vor,

1. wenn Arzneimitteln, Verfahren, Behandlungen, Gegenständen oder anderen Mitteln eine therapeutische Wirksamkeit oder Wirkungen beigelegt werden, die sie nicht haben,

2. *wenn fälschlich der Eindruck erweckt wird, daß*
   a) ein Erfolg mit Sicherheit erwartet werden kann,
   b) bei bestimmungsgemäßem oder längerem Gebrauch keine schädlichen Wirkungen eintreten,
   c) die Werbung nicht zu Zwecken des Wettbewerbes veranstaltet wird,

3. *wenn unwahre oder zur Täuschung geeignete Angaben*
   a) über die Zusammensetzung oder Beschaffenheit von Gegenständen oder anderen Mitteln oder über die Art und Weise der Verfahren oder Behandlungen oder
   b) über die Person, Vorbildung, Befähigung oder Erfolge des Herstellers, Erfinders oder der für sie tätigen oder tätig gewesenen Personen gemacht werden. Soweit der Gesetzestext.

Das HWG untersagt jede Irreführung.

Wegen des hohen Stellenwertes der Gesundheitsbelange der Allgemeinheit und der Verbraucherschaft ist schlechthin im Bereich der Heilmittelwerbung jegliche irreführende Werbung verboten, und zwar innerhalb wie außerhalb der Fachkreise. Die Beispiele, die § 3 HWG enthält, gehen in der Veranschaulichung der allgemeinen Grundsätze, der Konkretisierung und Ausführung der Generalklausel zwecks Einhaltung des Bestimmtheitsgebotes sehr weit und schränken die Reichweite nicht auf die gesamten Beispiele ein, was sich schon aus dem Wort „insbesondere" ergibt (vgl. Doepner, WRP 79, S. 333, 335). Nachdem also jede irreführende Heilmittelwerbung von § 3 HWG erfaßt wird, erstreckt sich das Werbeverbot im Anwendungsbereich des Heilmittelwerbegesetzes nicht nur auf gesundheitsrelevante Umstände, sondern auch auf jegliche verbraucherrelevante, rechtserhebliche Irreführung. Aus dem Schutzzweck von § 3 HWG folgt, daß es nicht erforderlich ist, daß eine Täuschung tatsächlich schon eingetreten ist, es genügt vielmehr, daß eine Werbeangabe geeignet ist, einen nicht unerheblichen Teil der

Die Möglichkeit der Irreführung reicht.

angesprochenen Verkehrskreise irrezuführen (vgl. BGH GRUR 1955, S. 409, 411).

Es wird auf nachfolgend aufgeführte Beispiele verwiesen: Aus welcher Sicht ist eine Werbung irreführend? Maßgeblich ist hier der objektive Eindruck, den die Werbung bei den angesprochenen Verkehrskreisen hinterläßt, nicht hingegen die subjektive Absicht des Werbenden, der seine Werbung in einer bestimmten Weise aufgefaßt wissen möchte (BGH GRUR 1961, S. 193, 196). Ob eine Werbeangabe einen falschen Eindruck erweckt, hängt also alleine davon ab, wie die umworbenen Verkehrskreise sie verstehen (BGHZ 13, 244, 253).

Ob Irreführung vorliegt, hängt nicht vom Werbenden ab ...

Um diese Verkehrsauffassung feststellen zu können, ist zu klären, an welchen Verkehrskreis sich die Werbung richtet und wie dieser die Werbung versteht (BGH GRUR 1961, S. 356, 357).

... sondern vom Verständnis des durchschnittlichen Lesers oder Hörers.

Somit muß bei der Werbung für therapeutische Maßnahmen davon ausgegangen werden, daß sich die Werbung grundsätzlich an potentielle Patienten richtet, wenn die Werbung nicht explizit auf die Fachkreise bezogen wird.

Abzustellen ist hierbei auf die Durchschnittsauffassung der beteiligten Verkehrskreise; auf die Aufmerksamkeit und das Interesse der Hörer oder Leser. An ihre Begabung, Erfahrung und Sachkunde ist ein Durchschnittsmaßstab anzulegen (Baumbach-Hefermehl, § 3, Gesetz über den unlauteren Wettbewerb, Rdnr. 32).

Maßgeblich ist des weiteren der Gesamteindruck, den eine Werbeangabe auf die angesprochenen Verkehrskreise macht (vgl. BGH GRUR 1962, S. 97, 99).

Deshalb dürfen einzelne Werbeaussagen einer in sich geschlossenen Darstellung nicht aus ihrem Zusammenhang gerissen werden (vgl. BGH GRUR 1968, S. 382, 385).

Bei einer Werbung bzw. einer Werbeangabe seitens der Angehörigen der med. Fachberufe, die sich nicht an

Die Generalklausel und der Maßnahmenkatalog

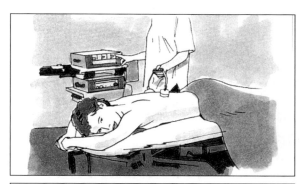

Fachkreise richtet, muß somit von der Auffassung eines Patienten ausgegangen werden, der allerhöchstens gewisse medizinische Elementarkenntnisse hat. Speziellere, medizinische Kenntnisse seitens potentieller Patienten können nicht vorausgesetzt werden (BGH GRUR 1968, S. 433, 436).

Medizinisches Kurbad •
Sauna ABC-Stadt

| F. H. Mustermann | Physiotherapeut |
| Musterstr. 1, | 80000 Musterhausen |

Alle Heil- und Sportmassagen
Alle med. Bäder und Packungen
Unterwassermassagen
Stangerbäder

Medizinische Sauna
Römisches Dampfbad
kl. Schwimmbad / Garten
Bauernstube mit Getränken

Wenn Sie ein Figurproblem

und nicht so sehr ein Gewichtsproblem

haben, bieten wir Ihnen:

Die manuelle **XY-Methode**

Bei der XY-Methode werden die natürlichen Stoffwechselvorgänge, deren Unterbrechung als Hauptursache für die **Cellulites** angesehen werden muß, wieder hergestellt.

Die unnatürliche Vergrößerung der Fettzellen im entsprechenden Bereich durch Einlagerung von Wasser und Toxinen führt zu einer Verengung der feinen Kapillaren und Lymphgänge, die für den normalen Abtransport verantwortlich sind. Durch diesen schlechten Abtransport verengen sich diese Gefäße immer mehr, bis im Extremfall keine Versorgung mehr stattfindet.

Genau da setzt die **XY-Methode** an, indem das Gewebe ausgemolken und ausgequetscht wird, die Zellflüssigkeit in die Lymphbahnen gepreßt wird, und nach etwa 10 Behandlungen wieder ein regulärer Stoffwechsel stattfindet.

Unterstützt wird dies durch die Produkte namhafter Kosmetikfirmen, die zehrend, pflegend und straffend wirken.

Wir garantieren mit dieser Methode eine Reduzierung des Umfangs an Oberschenkeln, Hüfte und Bauch um mindestens zehn Prozent.

Damit Sie sich auch langfristig die von Ihnen erwünschte Idealfigur erhalten können, weisen wir Sie in gezieltes Körpertraining ein und geben Ihnen Ernährungshinweise.

verboten!

XY - Die wirksame Physikalische Methode gegen

»MIGRÄNE«

- beseitigt akute Anfälle
- wirkt vorbeugend
- kann langfristige Migräne verhindern

Medizinisches Kurbad	Sauna ABC-Stadt
F. H. Mustermann • Physiotherapeut	Musterstr. 1, 80000 Musterhausen
Alle Heil- und Sportmassagen Alle med. Bäder und Packungen Unterwassermassagen Stangerbäder	Medizinische Sauna Römisches Dampfbad kl. Schwimmbad / Garten Bauernstube mit Getränken
ALLE KASSEN ZUGELASSEN	**KOSMETIK- UND SPORTSTUDIO**
Öffnungszeiten: Montag bis Freitag 8.00 – 19.30 Uhr auf Anmeldung bis 21.00 Uhr	Öffnungszeiten: Mo. – Fr. 9.00 – 22.00 Uhr gemischt Do. Damentag Sa. 13.00 – 22.00 Uhr gemischt

XY ist eine halb apparative, halb manuelle Methode, ist eine Mischung aus westlicher Reflexzonenmassage und orientalischer Meridian- und Ausgleichstherapie. Der Energiefluß wird positiv beeinflußt. Dies ist wichtig, da die Ursache nicht die auslösenden Faktoren sind, sondern der Organismus verliert an einem bestimmten Punkt seine Kompensationsfähigkeit, so daß bei latenter Breitschaft ein banaler Auslösefaktor zum Anfall reicht.

XY ist eine überaus angenehme detonisierende Therapie, die konsequent angewandt, vor allem bei einem akuten Anfall Migräne auf Dauer beseitigt. Der eigens dafür geschaffene Raum ermöglicht, abgeschirmt von Hektik und Lärm, eine optimale Entspannung.

Ursachen des Migräneschmerzes sind die abnorme Konstriktion und Dilatation der großen Kopfgefäße.

WICHTIG
Immer erst organische Leiden von Ärzten ausschließen lassen. Migränebehandlung vom Arzt verordnen lassen, (Augenarzt, Zahnarzt, Gynäkologe, Internist, Neurologe) da migräneähnliche Erscheinungen organisch bedingt sein können.

Wir sind täglich von 8.00 – 22.00 Uhr im Dienste Ihrer Gesundheit tätig.

Ihr freundliches Kurbad

Zur Irreführung ist eine Angabe notwendig.

Auch wenn § 3 HWG nicht den Begriff „Angabe" enthält, so setzt eine irreführende Werbung im Sinne dieses Paragraphen voraus, daß der Werbende Angaben macht, die sich auf einen Gegenstand oder ein Verfahren im Sinne von § 1 HWG beziehen. „Angabe" kann eine Werbeangabe nur sein, wenn sie inhaltlich etwas aussagt und dieser Aussagegehalt nach der Auffassung der angesprochenen Verkehrskreise objektiv nachprüfbar ist (Baumbach-Hefermehl, § 3, Gesetz des unlauteren Wettbewerbs, Rdnr. 12). Der Begriff der Angabe ist weit zu fassen. Angaben im Sinne von § 3 HWG sind jede Art von überprüfbaren Äußerungen (mündliche, schriftliche, wörtliche und bildliche), deren sich der Werbende bedient, um dem Adressaten der Mitteilung eine Aussage zu machen, die sich auf Heilmittel bezieht. Vorausgesetzt wird „eine auf den Inhalt hin nachprüfbare, dem Beweis zugängliche Aussage" (BGH GRUR 1965, S. 365, 366).

Angaben sind nachprüfbare Äußerungen ...

... nicht nichtssagende Anpreisungen.

Irreführend ist eine Angabe, „wenn sie auf die angesprochenen Verkehrskreise die Wirkung einer unrichtigen Angabe ausübt" (vgl. BGH Z 13, S. 244, 235), d. h., daß z. B. die durch die Werbeangabe angesprochenen potentiellen Patienten eines Physiotherapeuten durch diese eine andere, also falsche Vorstellung einer therapeutischen Maßnahme bekommen, als diese in Wirklichkeit hat. Von den nachprüfbaren Werbeangaben müssen sachliche, nichtssagende Anpreisungen und reine Werturteile unterschieden werden, die vom Publikum als eine der Nachprüfung nicht zugängliche Meinungsäußerung aufgefaßt werden. Sachlich nichtssagende Anpreisungen enthalten keinen nachprüfbaren Aussagengehalt. Ihnen fehlt es an dem informativen Charakter, der geeignet ist, die Wertschätzung des Werbeadressaten zu beeinflussen. Sie sind begrifflich keine Angaben (BGH GRUR 1964, S. 33, 35).

Jedoch muß hier ein kritischer Maßstab angesetzt werden, da die Rechtsprechung überwiegend strenge Maßstäbe im Bereich der Heilmittelwerbung anlegt. Hierfür einige Beispiele:

Ein in der Aufmachung vom redaktionellen Teil einer Zeitung nicht abgehobenes Inserat für ein Heilmittel

Medizinisches Kurbad • Sauna ABC-Stadt
F. H. Mustermann • Physiotherapeut
Musterstr. 1 • 80000 Musterhausen
Telefon: 00 00/11 22 33 • Fax: 00 00/44 55 66

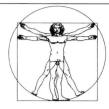

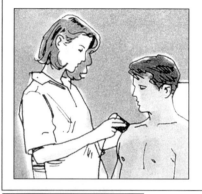

Alles in einer Hand

... unter diesem Zeichen finden Sie alles, was Sie für Ihre
»Gesundheit, Fitness, Schönheit« brauchen.
»Gesundheit, Fitness, Schönheit« ist eine Einstellung.

verboten!

Anzeigen in Zeitungen müssen als solche bezeichnet sein.

wurde als irreführend bezeichnet, weil der ausdrückliche Hinweis „Anzeige" in solcher Größe und Schriftstärke nicht über dem Inserat angebracht war, daß auch der flüchtige Leser der Zeitung dieses Wort nicht übersehen konnte (Entscheidung des Landgerichts Hamburg vom 11.02.1965, AZ: 15 Q 66/965).

Die Bezeichnung eines kosmetischen Bades als Kur wurde als irreführend angesehen, weil sich die Allgemeinheit unter einer Kur eine längere Behandlung zur Verbesserung des Gesundheitszustandes vorstellt (Entscheidung des Landgerichts Hamburg vom 11.12.1963, AZ: 15 Q 664/63).

Die deutliche Kennzeichnung einer Werbung als Anzeige ist deshalb notwendig, da der Leser bei der Aussage eines Journalisten grundsätzlich von einer größeren Objektivität der Mitteilung des Journalisten ausgeht, als dies bei einer in Auftrag gegebenen Werbeanzeige der Fall ist. Wenn eine solche Verwechslung

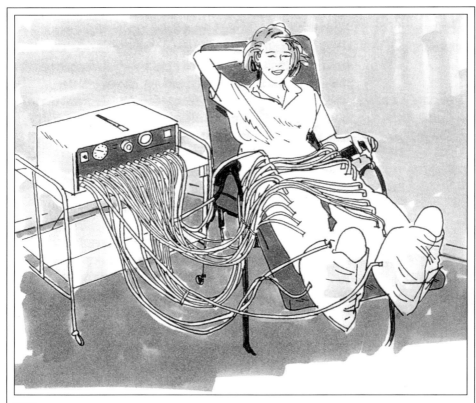

Heutzutage
gibt es eine Methode, mit der sich auf natürliche Weise aufgeblähte Fettzellen (Cellulite), Wasserstau und Körperschlacken optimal und dabei vollautomatisch entstauen lassen

Slim-XY-Styler
Der mechanische Fettabbau

Cellulitis muß nicht sein!

Medizinisches Kurbad • Sauna ABC-Stadt
F. H. Mustermann • Physiotherapeut
Musterstr. 1 • 80000 Musterhausen
Telefon: 00 00 / 11 22 33 • Fax: 00 00 / 44 55 66

verboten!

bewußt durch den Werbetreibenden hervorgerufen werden soll, so liegt insoweit eine Irreführung der Leser vor. Eine solche Aufmachung einer Werbeanzeige, die nicht als Anzeige gekennzeichnet ist, unterliegt damit § 3 HWG und ist wegen der Gefahr einer Irreführung verboten. Auf diese Art der Werbung wurde auch schon im vorigen Kapitel unter dem Thema „Definition der verschiedenen Arten der Werbung" eingegangen.

„Eine nicht als Anzeige" gekennzeichnete Anzeige ist ein Verstoß gegen das HWG.

(Siehe Beispiele für ein Verbot nach § 3 HWG bzw. irreführende Werbung).

Beispiele irreführender Werbung:

Marktschreierische Übertreibungen
– Allheilmittel,
– Hoffnung für jeden Kranken,
– ist für jedes Lebensalter die ideale Methode zum schlank werden,
– Übergewicht? Sofort weg damit

Irreführende Globalindikation
– Gegen altersbedingten Leistungsabfall gibt es ein Medikament,
– Das Multivitamingeriatrikum mit 32 Wirkstoffen 20-fach wirksam

Übertreibungen der speziellen Wirkungsweise
– dort schlank, wo sie wollen,
– Abhilfe durch ...
– Müdigkeit und Rückenschmerzen sofort wie weggeblasen

Irreführende Volksversprechen ...
– garantiert Erfolg
– 100%ig wirksam
– der Erfolg wird sich sicher einstellen
– unter Garantie, Ihre Schmerzen sind weg

Mittelbare Garantieversprechen durch Rückgabemöglichkeit
– bei Nichterfolg Geld zurück,
– sechs Tage zur Probe, Umtauschrecht gewährleistet,
– Gutschein für 10 Tage Probe,

Wundermittel
- *hilft jederzeit,*
- *hat noch immer geholfen,*
- *gezielte Hilfe bei chronischen Erkrankungen,*

Werbung mit Wirksamkeitsübertreibungen
- *das ...-Reizstromgerät macht schlank ... mühelos,*
- *der Sauna-Anzug, ein unvergleichlicher Fettwegschmelzer,*
- *Schulter und Beine werden sich mit kraftvollen Muskeln bedecken,*
- *stoppt vorzeitiges Altern,*
- *hilft jederzeit*

Täuschung über möglicherweise schädliche Wirkungen
- *harmlos,*
- *harmlos auch bei häufigem Gebrauch,*
- *ein Höchstmaß an Sicherheit,*
- *garantiert frei von schädlichen Nebenwirkungen,*

Werbung mit ungerechtfertigt geführten Titeln
- *Diplommasseur,*
- *techn. Assistent in der Medizin,*
- *geprüfter Pharmareferent,*

täuschende Angaben über die Praxis
- *Heilbad*
- *Institut (dieses Wort wird sowohl für den rein wissenschaftlichen, als auch für den gewerblichen Tätigkeitsbereich verwendet, im Zusammenhang mit einer med. Behandlungsankündigung neigt die allgemeine Auffassung jedoch dazu, im Institut eine Art universitäre Einrichtung zu sehen),*
- *Kurhaus,*
- *Kurhotel*

4.5.2 Der Maßnahmenkatalog

Außer der Generalklausel enthält das Heilmittelwerbegesetz diverse Bestimmungen, die ganz konkrete Einzelfälle betreffen. An dieser Stelle werden diese Maßnahmen mit dem Gesetzestext dargestellt. Sie erscheinen im Kapitel 7, eingebettet in leicht vorstellbare Lebenssachverhalte. Deshalb wird an dieser Stelle auf eine Kommentierung weitgehend verzichtet. Auf Sachverhalte, die sich in der Vergangenheit als richtige Werbefallen herausgestellt haben, wird eingegangen.

§ 6 Gutachtenerstellung, Fachveröffentlichungen

Unzulässig ist eine Werbung innerhalb und außerhalb der Fachkreise, wenn Gutachten oder Zeugnisse veröffentlicht oder erwähnt werden, die nicht von wissenschaftlich oder fachlich hierzu berufenen Personen erstellt worden sind und nicht die Angabe des Namens, Berufes und Wohnortes des Gutachters oder Ausstellers des Zeugnisses sowie den Zeitpunkt der Ausstellung des Gutachtens oder Zeugnisses enthalten. Ebenfalls unzulässig ist eine Werbung, wenn auf wissenschaftliche, fachliche oder sonstige Veröffentlichungen Bezug genommen wird, ohne daß aus der Werbung hervorgeht, ob die Veröffentlichung das Arzneimittel, das Verfahren, die Behandlung, den Gegenstand oder ein anderes Mittel selbst betrifft, für die geworben wird, und ohne daß der Name des Verfassers, der Zeitpunkt der Veröffentlichung und die Fundstelle genannt werden.

Werbung mit nicht genannten Gutachtern ist unzulässig.

§ 7 Werbegaben

Es ist unzulässig, innerhalb und außerhalb der Fachkreise Werbegaben (Waren oder Leistungen) anzubieten, anzukündigen oder zu gewähren, es sei denn, daß es sich um Gegenstände von geringem Wert handelt, die durch eine dauerhafte und deutlich sichtbare Bezeichnung des Werbenden oder des Arzneimittels oder beider gekennzeichnet sind, um geringwertige Kleinigkeiten oder um Werbegaben, die als Zugaben

Werbegaben ohne Angabe des Werbenden sind unzulässig.

zulässig wären. § 47 Abs. 3 des Arzneimittelgesetzes bleibt unberührt.

§ 9 Fernbehandlung

Unzulässig ist eine Werbung für die Erkennung oder Behandlung von Krankheiten, Leiden, Körperschäden oder krankhaften Beschwerden, die nicht auf eigener Wahrnehmung an dem zu behandelnden Menschen oder Tier beruht (Fernbehandlung).

§ 11 Unsachliche Publikumswerbung

Außerhalb der Fachkreise darf für Arzneimittel, Verfahren, Behandlungen, Gegenstände oder andere Mittel nicht geworben werden

– mit Gutachten, Zeugnissen, wissenschaftlichen oder fachlichen Veröffentlichungen sowie mit Hinweisen darauf,

– mit Angaben, daß das Arzneimittel, das Verfahren, die Behandlung, der Gegenstand oder das andere Mittel ärztlich, zahnärztlich, tierärztlich oder anderweitig fachlich empfohlen oder geprüft ist oder angewendet wird,

– mit der Wiedergabe von Krankengeschichten sowie mit Hinweisen darauf,

– mit der bildlichen Darstellung von Personen in der Berufskleidung oder bei der Ausübung der Tätigkeit von Angehörigen der Heilberufe, des Heilgewerbes oder des Arzneimittelhandels,

– mit der bildlichen Darstellung

    a) von Veränderungen des menschlichen Körpers oder seiner Teile durch Krankheiten, Leiden oder Körperschäden,

    b) der Wirkung eines Arzneimittels, eines Verfahrens, einer Behandlung, eines Gegenstandes oder eines anderen Mittels durch vergleichende Darstellung

des Körperzustandes oder des Aussehens vor und nach der Anwendung,
c) des Wirkungsvorganges eines Arzneimittels, eines Verfahrens, einer Behandlung, eines Gegenstandes oder eines anderen Mittels am menschlichen Körper oder an seinen Teilen,

– mit fremd- oder fachsprachlichen Bezeichnungen, soweit sie nicht in den allgemeinen deutschen Sprachgebrauch eingegangen sind,

– mit einer Werbeaussage, die geeignet ist, Angstgefühle hervorzurufen oder auszunutzen,

– durch Werbevorträge, mit denen ein Feilbieten oder eine Entgegennahme von Anschriften verbunden ist,

– mit Hauszeitschriften, deren Werbezweck mißverständlich oder nicht deutlich erkennbar ist,

– mit Schriften, die dazu anleiten, bestimmte Krankheiten, Leiden, Körperschäden oder krankhafte Beschwerden beim Menschen selbst zu erkennen und mit den in der Werbung bezeichneten Arzneimitteln, Gegenständen, Verfahren, Behandlungen oder anderen Mitteln zu behandeln,

– mit Äußerungen Dritter, insbesondere Dank-, Anerkennungs- oder Empfehlungsschreiben, oder mit Hinweisen auf solche Äußerungen,

– mit Werbemaßnahmen, die sich ausschließlich oder überwiegend an Kinder oder Jugendliche unter 18 Jahren richten,

– mit Preisausschreiben, Verlosungen oder anderen Verfahren, deren Ergebnis vom Zufall abhängig ist,

– durch die nicht verlangte Abgabe von Mustern oder Proben oder durch Gutscheine dafür.

Werbung mit bildlicher Darstellung von Personen in Berufskleidung oder bei der Ausübung eines Heilberufs

Außerhalb der Fachkreise darf nicht geworben werden mit Mitteln, die einen kranken Menschen leicht beeinflussen könnten.

begegnet einem häufiger. Folglich sind auch Abmahnungen und Unterlassungsklagen nicht selten. Die Neueröffnung einer Therapiepraxis ist ein Ereignis, für das sich die Lokalpresse interessiert. Berichtet ein Journalist hierüber, so ist der Wunsch verständlich, den Text mit einem Lichtbild aufzulockern. Interessant wird solch ein Bild, wenn es den Therapeuten bei einer fachlich typischen Patientenbehandlung zeigt. Mit einer solchen Darstellung wird gegen § 11 HWG verstoßen. Es können Bußgelder bis zu DM 50.000,– fällig werden. Gleiches gilt für Prospekte von Kuranstalten, Kurhäusern und Heilbädern, die bekanntermaßen nicht gerne auf die bildliche Darstellung ihrer Einrichtung verzichten und zur Belebung des Bildes den Therapeuten in dessen Mitte rücken.

Häufig findet man fremd- und fachsprachliche Bezeichnungen. Ein subaquales Darmbad ist für den Masseur und med. Bademeister ein Begriff des Alltags. Iontophorese ist für den Physiotherapeuten eine häufig vorkommende Behandlungsform. Dennoch wurde der erstgenannte Fachbegriff vom OLG Karlsruhe (Urteil vom 9.9.1969 – AZ: 6 U 11/68), die Benennung der Iontophorese vom LG Konstanz (Urteil vom 27.2.1970 – AZ: 2 HO 242/69) als unzulässige fachsprachliche Bezeichnung festgestellt. Es kommt nicht auf den Sprachgebrauch des Fachmannes, sondern auf das Verständnis des durchschnittlich gebildeten medizinischen Laien an. Deshalb sollte eine jede fremd- und fachsprachliche Bezeichnung besser unterbleiben, auch dann, wenn ein deutschsprachlicher oder ein dem Laien verständlicher Begriff nicht zur Verfügung steht. Das OLG München hat selbst den Begriff Lymphe für unzulässig erklärt (Urteil vom 15.2.1968 – AZ: 6 U 275/77).

§ 12 Publikumswerbung für bestimmte Krankheiten

Die Werbung für Arzneimittel außerhalb der Fachkreise darf sich nicht auf die Erkennung, Verhütung, Beseitigung oder Linderung der in der Anlage zu diesem Gesetz aufgeführten Krankheiten oder Leiden beim Menschen oder Tier beziehen.
Die Werbung für andere Mittel, Verfahren, Behandlungen oder Gegenstände außerhalb der Fachkreise darf

sich nicht auf die Erkennung, Beseitigung oder Linderung dieser Krankheiten oder Leiden beziehen. Dies gilt nicht für die Werbung für Verfahren oder Behandlungen in Heilbädern, Kurorten oder Kuranstalten. Der Absatz zwei ist für die angesprochenen Leserkreise relevant. Eine Werbung für Behandlungen darf nicht vorgenommen werden, wenn bestimmte in einer Liste enthaltene Krankheiten vorliegen. Diese Liste ist im Anschluß an § 15 HWG abgedruckt. Dies gilt jedoch nicht für Werbung für Behandlungen solcher Krankheiten in Heilbädern, Kurorten und Kuranstalten. Diese Begriffe sind nicht definiert. Heilbäder sind nach allgemeiner Auffassung Orte mit natürlichen, wissenschaftlich-anerkannten und durch Erfahrung bewährten Heilmitteln des Bodens, mit überprüftem Lage- und Witterungsklima, mit entsprechenden Kureinrichtungen und einem entsprechenden Kurcharakter. Kuranstalten sind Einrichtungen mit Heilbadcharakter für spezielle Krankheiten, die unter ärztlicher Betreuung stehen müssen. Für eine Kuranstalt ist es wesentlich, daß in ihr vorwiegend Heilverfahren und Kuren auf der Grundlage natürlicher Vorkommen wie Heilwasser, Meerwasser oder Heilklima angewendet werden. Die Behandlung in einer Kuranstalt dient der Vorbeugung von Krankheiten, der Nachsorge oder Rehabilitation und der Behandlung chronischer Erkrankungen. Sie erfolgt nach einem ärztlichen Plan und umfaßt eine Allgemeintherapie auf der Basis natürlicher Heilmittel, die durch Verfahren der physikalischen Medizin, Diäten und medikamentöse Behandlung ergänzt werden.

Werbung für bestimmte Krankheiten ist nur in Heilbädern, Kurorten und Kuranstalten erlaubt.

§ 13 Werbung ausländischer Unternehmen

Die Werbung eines Unternehmens mit Sitz außerhalb des Geltungsbereichs dieses Gesetzes ist unzulässig, wenn nicht ein Unternehmen mit Sitz oder eine natürliche Person mit gewöhnlichem Aufenthalt im Geltungsbereich dieses Gesetzes, die nach diesem Gesetz unbeschränkt strafrechtlich verfolgt werden kann, ausdrücklich damit betraut ist, die sich aus diesem Gesetz ergebenden Pflichten zu übernehmen.

Werbung von Auslandsunternehmen nur mit verantwortlichem Vertreter im Inland.

§ 14 Strafvorschrift

Wer dem Verbot der irreführenden Werbung zuwiderhandelt, wird mit Gefängnis bis zu einem Jahr oder mit Geldstrafe bestraft.

§ 15 Ordnungswidrigkeiten

Ordnungswidrig handelt, wer vorsätzlich oder fahrlässig:
- eine Werbung betreibt, die die nach § 4 vorgeschriebenen Angaben nicht enthält, oder entgegen § 5 mit der Angabe von Anwendungsgebieten wirbt,
- in einer nach § 6 unzulässigen Weise mit Gutachten, Zeugnissen oder Bezugnahmen auf Veröffentlichungen wirbt,
- entgegen § 7 eine mit Werbegaben verbundene Werbung betreibt,
- entgegen § 8 eine Werbung betreibt, die auf einen Bezug von Arzneimitteln im Wege des Versandes hinwirkt,
- entgegen § 9 für eine Fernbehandlung wirbt,
- entgegen § 10 für die dort bezeichneten Arzneimittel wirbt,
- auf eine durch § 11 verbotene Weise außerhalb der Fachkreise wirbt,
- entgegen § 12 eine Werbung betreibt, die sich auf die in der Anlage zu § 12 aufgeführten Krankheiten oder Leiden bezieht,
- eine nach § 13 unzulässige Werbung betreibt.

Ordnungswidrig handelt ferner, wer fahrlässig dem Verbot der irreführenden Werbung zuwiderhandelt.
Die Ordnungswidrigkeit nach Absatz 1 kann mit einer Geldbuße bis zu fünfzigtausend Deutsche Mark, die Ordnungswidrigkeit nach Absatz 2 mit einer Geldbuße bis zu fünfundzwanzigtausend Deutsche Mark geahndet werden.

Die Anlage zu § 12 HWG lautet: „Krankheiten und Leiden, auf die sich die Werbung gemäß § 10 nicht beziehen darf:

Anm. zu § 12
A. Krankheiten und Leiden beim Menschen
1. Nach dem Bundes-Seuchengesetz vom 18. Juli 1961 (Bundesgesetzbl. I S. 1020), zuletzt geändert durch das Gesetz vom 23. Januar 1963 (Bundesgesetzbl. I S. 57) meldepflichtige Krankheiten,
2. Geschwulstkrankheiten,
3. Krankheiten des Stoffwechsels und der inneren Sekretion, ausgenommen Vitamin- und Mineralstoffmangel und alimentäre Fettsucht,
4. Krankheiten des Blutes und der blutbildenden Organe, ausgenommen Eisenmangelanämie,
5. organische Krankheiten
   a) des Nervensystems,
   b) der Augen und Ohren,
   c) des Herzens und der Gefäße, ausgenommen allgemeine Arteriosklerose, Varikose und Frostbeulen,
   d) der Leber und des Pankreas,
   e) der Harn- und Geschlechtsorgane,
6. Geschwüre des Magens und des Darms,
7. Epilepsie,
8. Geisteskrankheiten,
9. Trunksucht,
10. krankhafte Komplikationen der Schwangerschaft, der Entbindung und des Wochenbetts.

4.6 Produktwerbung und Firmenwerbung

Die Obergerichte der Bundesrepublik (in Pharmarecht 1992, 858 und 1992, 361) unterscheiden Produktwerbung und Firmenwerbung oder Imagewerbung (Public Relation). Im Heilmittelwerbegesetz finden sich häufig Textstellen, die Werbung für Arzneimittel, Mittel, Verfahren, Behandlungen und Gegenstände unter gewissen Voraussetzungen verbieten.
Arzneimittel im Sinne des Heilmittelwerbegesetzes sind spezielle pharmazeutische Erzeugnisse, denen bestimm-

te Eigenschaften zugesprochen werden und die so differenziert genannt sein müssen, dass nicht eine ganze Produktpalette darunter verstanden werden kann. Ist es für den Empfänger einer Werbemitteilung nicht ersichtlich, welche Arzneimittel sich hinter einer Warengruppe verbergen, so besteht nicht die Gefahr einer mißbräuchlichen Anwendung oder einer nicht gewünschten Selbstmedikamentation, so daß die Vorschriften des Heilmittelwerbegesetzes keine Anwendung finden. Wer mit solchen Gruppenbezeichnungen wirbt, wirbt also nicht für ein bestimmtes Arzneimittelprodukt, sondern für sich selbst. Er betreibt keine Produkt-, sondern Image- oder Firmenwerbung.

Mittel können kosmetische, diätetische und sonstige Sachen sein, sofern sich die Werbeaussage auf die Möglichkeit der Beseitigung oder Linderung von Krankheiten, Leiden und Körperschäden bezieht. Hierbei reicht es aus, daß in der Werbung für das Mittel bei einem nicht unbeachtlichen Teil der angesprochenen Verkehrskreise, und sei es auch nur beiläufig, der Eindruck entsteht, es werde etwas über gesundheitliche Zwecke ausgesagt. Daher sind vermeintliche Wirkstoffe gegen Haarausfall, Gegenstände der Zahn- und Zahnfleischpflege und Pflanzenextrakte Mittel im Sinne des Heilmittelwerbegesetzes (so auch Landgericht Hamburg, Urteil vom 13.07.1977, AZ: 15 O 172/77).

Eine Behandlung ist eine jede Anordnung oder Durchführung von prophylaktischen, diagnostischen oder therapeutischen Maßnahmen unter Anwendung heilkundlicher Kenntnisse am Menschen zum Zwecke der Erkennung, Beseitigung oder Linderung von Krankheiten, Leiden, Körperschäden oder sonstigen krankhaften Beschwerden. Verfahren und Behandlungen sind Begriffe, die weitgehend deckungsgleich sind. Zu dieser Begriffsgruppe gehören die Tätigkeiten, die von den angesprochenen Leserkreisen gegenüber dem Patienten Anwendung finden. Hierzu gehören Massagen (Landgericht Konstanz, Beschluß vom 03.08.1973, AZ: 1 HO 117/73) sowie computergespeiste Schlankheitsverfahren (Landgericht Hamburg, Beschluß vom 23.04.1979, AZ: 15 O 343/79) und physikalisch wirkende Mittel (Landgericht Stuttgart, Entscheidung vom 20.09.1961, AZ: 1 Ns 849/61). Gegenstände im Sinne des Heilmittelwerbegesetzes sind Massagekissen, Bandscheibengürtel, Kupferarmbänder, Schlankheitsanzüge, Bettwaren gegen Rheuma und andere Gegenstände, wenn sich eine hierauf gerichtete Werbeaussage auf Linderung, Körperschäden oder körperliche Gebrechen richtet oder deren Erkennen oder deren Vorbeugen verspricht.

Werbung im Sinne des Heilmittelwerbegesetzes soll nur vorliegen, wenn sich eine Aussage auf die Arzneimittel, Mittel, Verfahren, Behandlungen oder Gegenstände eines Unternehmens bezieht, nicht hingegen, wenn das Unternehmen für sich selbst wirbt. Diese Unterscheidung ist jedoch nicht einfach. Das Oberlandesgericht München (Urteil vom 23.05.1996, AZ: 29 U 2410/96) führt hierzu aus: „Die Entscheidung für ein bestimmtes Präparat (anstelle eines anderen Präparates oder anstelle des Vertrauens auf die natürliche Genesung), die Entscheidung für ein bestimmtes Verfahren oder eine Behandlung, aber auch die Entscheidung für oder gegen einen bestimmten Anbieter von Behandlungen soll von unsachlichen Einflüssen freigehalten werden. Dabei soll § 11 Nr. 4 Heilmittelwerbegesetz die Werbung mit der suggestiven Wirkung von Abbildungen mit dem in § 11 Nr. 4 umschriebenen Inhalt verhindern. Dabei mag es zutreffen, dass § 11 Nr. 4 Heilmittelwerbegesetz im Wesentlichen eine illustre Ergänzung zu § 11 Nr. 2 Heilmittelwerbegesetz darstellt. Hierin erschöpft sich die Bestimmung allerdings nicht; sie erfaßt auch Fälle, in denen beispielsweise der Behandelnde als besonders sympathisch oder die Behandlung als besonders angenehm dargestellt wird." Das Heilmittelwerbegesetz verfolgt das Ziel, die Werbung für eine Behandlung oder den Anbieter einer Behandlung von suggestiven Einflüssen frei und dem Leser für eine sachliche Entscheidung offenzuhalten, weil dies im Interesse der Gesundheit des Einzelnen und im Interesse der Volksgesundheit geboten ist. Die Aussage der gerichtlichen Entscheidung läßt sich wie folgt zusammenfassen: Betreibt jemand Werbung für seine Praxis, und nennt er gleichzeitig Verfahren, die dort entgegengenommen werden können, so dürfte dies eine nicht unter das Heilmittelwerbegesetz fallende Imagewerbung sein. Pfropft er auf diese Information irgendeinen Anreiz, die Praxis aufzusuchen und die angebotenen Dienstleistungen entgegenzunehmen, dann dürfte immer dann eine dem Heilmittelwerbegesetz unterliegende Produktwerbung vorliegen, wenn der Werbeaussage eine Beeinflussungsmöglichkeit des Werbeadressaten innewohnt, die dessen Willensbildung betreffen kann. Das Oberlandesgericht München sieht hier „die suggestive Kraft des Bildes" bereits als ausreichend, welche „die Entscheidung des Patienten in einer für seine Gesundheit wesentlichen Frage" zu beeinflussen vermag.

5 Das vertragliche Wettbewerbsverbot

Die bislang betrachteten Wettbewerbsverbote beruhen auf einem gesetzgeberischen Eingriff. Wettbewerbsverbote auf andere Art wirksam werden zu lassen, dürfte schwierig und nur in Ausnahmefällen möglich sein. Immerhin handelt es sich bei Verboten oder Einschränkungen von Werbetätigkeit um einen Eingriff in das marktwirtschaftliche Prinzip des freien Wettbewerbs.

Es gibt jedoch Fälle, in denen das rechtsstaatlich geschützte Recht des freien Wettbewerbs in Kollision treten kann mit einem anderen ebenso rechtsstaatlich anerkannten, aber möglicherweise höherwertigen Prinzip. In diesem Fall kommt es zu einer Güterabwägung und zu einer Vorteilssicherung des höherwertigen Gutes. Ein solcher Vorgang macht jedoch nur die Wettbewerbsabrede zulässig, verbindliche Wettbewerbsabreden dürfen dann abgeschlossen werden, sie müssen es nicht. Folglich sind nur solche Personen gebunden, die eine solche Abrede des Werbeverzichts treffen.

Güterabwägung bei kollidierenden Rechtsgütern.

Warum, so wird der eine oder andere fragen, sollte jemand auf das Recht auf Werbung verzichten, wenn der nächste dieses Recht hemmungslos zum wirtschaftlichen Nutzen seiner Praxis ausnutzt. Vielleicht ist es ein Relikt vergangener Jahre, daß die Mitglieder der freien Berufe auf Werbung verzichten. Vielleicht ist es allerdings auch ein sozialer Beitrag in unserem hochstrapazierten Krankenversicherungssystem, um die gesetzlichen Krankenkassen vor einem wirtschaftlichen Kollaps zu bewahren. Vielleicht ist es auch die Erkenntnis, daß man Heilbehandlungen, Therapien und die Versorgung der Kranken nicht anzupreisen braucht wie Gebrauchsgüter. Fest steht, daß die ganz überwiegende Mehrheit aller Freiberufler auf plakative und reklamehafte Werbung verzichtet. Es steht allerdings auch fest, daß das Informationsbedürfnis immer größer und das Informationsrecht rechtlich als immer wertvoller ange-

Warum sollte man freiwillig auf Werbung verzichten?

sehen wird. Es könnte eine durchaus hoch einzuschätzende Absicht von den Mitgliedern der med. Fachberufe sein, Informationen zu geben, dabei aber auf plakative und reißerische Werbung zu verzichten.

5.1 Wettbewerbsverbote in Versorgungsverträgen

In den in den Versorgungsverträgen mit den gesetzlichen Krankenkassen, auch kurz Rahmenverträge genannt, sind Wettbewerbsverbote enthalten.

Wettbewerbshindernde Abreden sind in diversen Versorgungsverträgen.

Diese Wettbewerbsverbote lauten üblicherweise: „Werbung des Zugelassenen durch ihn oder seine Mitarbeiter für die im Rahmen dieses Vertrags zur Verfügung gestellten Leistungen (der Krankenkassen) ist nicht zulässig". Bei den Rahmen- oder Versorgungsverträgen handelt es sich um Verträge, die im Auftrag des Gesetzgebers geschlossen werden und in § 125 SGB V (Sozialgesetzbuch V) genannt sind:

„Über die Einzelheiten der Versorgung mit Heilmitteln sowie über die Preise und deren Abrechnung schließen die Landesverbände der Krankenkassen sowie die Verbände der Ersatzkassen mit Wirkung für ihre Mitgliedskassen Verträge mit Leistungserbringern oder Verbänden der Leistungserbringer. Die vereinbarten Preise sind Höchstpreise."

Zu den Einzelheiten der Versorgung gehört natürlich auch die eine Versorgung u. U. begleitende Werbung. Werbung soll umsatzfördernd wirken. Das bedeutet, der eine Leistung anbietende Therapeut oder Heilpraktiker ist bemüht, den Umsatz seiner Praxis zu steigern. Auf der anderen Seite bedeutet dies, daß in den Fällen, in denen Mitglieder der gesetzlichen Krankenkassen an dieser Umsatzsteigerung teilhaben, die gesetzlichen Krankenkassen erhöhte Ausgaben erwarten müssen.

Die Umsatzsteigerung des Leistungsanbieters geht Hand in Hand mit einer Kostenerhöhung im öffentlichen Gesundheitswesen einher, und gerade hier soll nach bereits jahrelangen Bemühungen von Ministerien und Krankenkassen die Kostenexplosion angehalten und nicht künstlich gefördert werden. Deshalb wurde das vertragliche Wettbewerbsverbot in einige Versorgungs- oder Rahmenverträge aufgenommen.

Diese Vertragsabreden sollen die Kostenexplosion im Gesundheitswesen bremsen.

5.2 Die Bindungswirkung

Verträge sind nur unter den abschließenden Partnern verbindlich. Verträge zu Lasten Dritter sind im deutschen Recht unbekannt. Daher binden auch die vertraglichen Wettbewerbsverbote nur die Leistungsanbieter, die mit den gesetzlichen Krankenkassenverbänden entsprechende Verträge abgeschlossen haben. Die Zulassung zu den gesetzlichen Krankenkassen nach § 124 SGB V fordert gemäß Abs 2, Ziffer 4 die Anerkennung der für die Versorgung der Versicherten (der gesetzlichen Krankenkassen) geltenden Vereinbarungen. Die Heilmittelanbieter haben durch die sie vertretenen Berufsorganisationen unterschiedliche Verträge mit den Verbänden der gesetzlichen Krankenkassen abgeschlossen. In den meisten dieser Verträge ist das im vorigen Absatz zitierte Wettbewerbsverbot enthalten, in anderen Verträgen fehlt es. Es gibt kein rechtliches Gebot, welches die Aufnahme der wettbewerbsbehindernden Bestimmungen in die Versorgungsverträge notwendig macht. Aus der Sicht der die Wettbewerbsbestimmung fördernden und fordernden Berufsverbände soll damit ein Beitrag zur Kostendämpfung geleistet werden. Einzelne Verbände sehen die Kausalität zwischen Werbung und Kostenexplosion nicht so kritisch; sie verzichten auf die wettbewerbsbehindernden Klauseln. Ein Heilmittelanbieter, der die Zulassung zu den gesetzlichen Krankenkassen anstrebt, kann der einen oder der anderen Vertragsgruppe beitreten. Er

Nur der Beitritt zu einem Versorgungsvertrag mit Werbeverbot bindet.

Der Leistungsanbieter kann einem Versorgungsvertrag ohne Werbeverbot beitreten ...

kann auch den gesetzlichen Krankenkassenverbänden einen eigenen, gänzlich individuellen Vertrag anbieten. Dies ist allerdings die absolute Ausnahme, weil die von den Berufsorganisationen gemeinsam mit den Krankenkassenverbänden ausgearbeiteten Versorgungsverträge – sei es nun, sie enthalten die vertragliche Wettbewerbsausschlußklausel oder nicht – erprobt und als brauchbar festgestellt wurden.

Eine Bindungswirkung an die Wettbewerbsbeschränkungsklausel tritt nur für den ein, der gemäß § 124 Abs. 2, Ziffer 4 SGB V einem Vertrag beigetreten ist, der die Wettbewerbsklausel enthält. Für andere Personen tritt eine Bindungswirkung nicht ein.

5.3 Die kartellrechtliche Regelung

Es gibt ein Gesetz gegen Wettbewerbsbeschränkungen, das entsprechend seiner Bezeichnung u. a. Abreden, mit welchen Wettbewerbshandlungen beschränkt oder ausgeschlossen werden, untersagt und damit Waren- und Leistungsanbietern stets die Öffnung für einen fairen Wettbewerb garantiert. Nach dem Gesetz gegen Wettbewerbsbeschränkungen könnten die Verträge nach § 125 SGB V, soweit sie Wettbewerbsverbote oder Wettbewerbsbeschränkungen enthalten, unwirksam sein, da sie gemäß § 134 Bürgerliches Gesetzbuch (BGB) gegen

Die Eindämmung der Kostenexplosion im Gesundheitswesen ist ein sozialstaatlich hochwertiges Bemühen ...

ein gesetzliches Verbot verstoßen. Das Gesetz gegen Wettbewerbsbeschränkungen kennt jedoch Ausnahme- und Duldungstatbestände. Diese Ausnahme- und Duldungsregeln finden u. a. immer dann Anwendung, wenn Rechtsgüter verschiedener Art miteinander kollidieren und eines der Rechtsgüter die Aufrechterhaltung und den Schutz des freien Wettbewerbs darstellt. Das hier korrespondierende Rechtsgut ist die schier nicht mehr aufzuhaltende Kostenexplosion im Gesundheitswesen. Nach der Überprüfung der Versorgungsverträge und deren Wettbewerbsklauseln durch das Bundeskartellamt ist dieses zu dem Ergebnis gekommen, daß die Versorgungsverträge mit ihren wettbewerbsbehindernden Bestimmungen die betroffenen Unternehmen nicht unzulässig einschränken, und daß der Versuch der Eindämmung der Kostenexplosion im Gesundheitswesen ein so hochwertiges Rechtsgut ist, daß die wettbewerbsbeschränkenden Vertragsregelungen rechtlichen Bestand haben. Im Schreiben vom 16.10.1991 an den Verfasser, Dr. Boxberg, teilt das Bundeskartellamt mit: „Nach Auffassung mehrerer Krankenkassenverbände, die die Notwendigkeit von Werbeverboten in unterschiedlichem Umfang bestätigt haben, ist die Beschlußabteilung zu dem Ergebnis gelangt, daß sie für ihren Zuständigkeitsbereich derartige Verbote, soweit sie nicht über das bisherige Maß hinausgehen, zumindest tolerieren wird. Der Vorgang ist damit abgeschlossen."

... daß deswegen sogar Bestimmungen des Gesetzes gegen Wettbewerbsbeschränkungen zurücktreten müssen.

Sofern Wettbewerbsabreden in Versorgungsverträgen enthalten sind, lauten diese gleich oder ähnlich wie:

„Werbemaßnahmen des Leistungserbringers dürfen sich nicht auf die Leistungspflicht der Krankenkasse beziehen. Werbung in Arztpraxen und deren Zugängen ist unzulässig."

In diesem Vertragsbestandteil stecken zwei Verbote.

Für die Leistungen der gesetzlichen Krankenkassen darf nicht geworben werden, und Werbung in Arztpraxen und im Umfeld des Arztes ist unzulässig.

Wo beginnt die Werbung für die Leistungen der gesetzlichen Krankenkassen? Sicherlich dort, wo ein Leistungsanbieter sich mit Worten empfiehlt, wie beispielsweise „Massagen, Krankengymnastik für die Versicherten aller gesetzlichen Krankenkassen". Ist es jedoch auch schon Werbung für die Leistungen der Krankenkassen, wenn jemand sein Leistungsspektrum auf dem Praxisschild oder auf Briefbogen anpreist und gleichzeitig darauf hinweist, daß er berechtigt ist, die Mitglieder der gesetzlichen Krankenkassen zu behandeln, etwa durch den Satz: „Zugelassen zu allen Kassen"? Ist es vielleicht sogar Werbung, wenn jemand seine Praxis in Werbean-

Wo beginnt Werbung für Leistungen der Krankenkassen?

zeigen als „Massagepraxis" bezeichnet, weil in einer Massagepraxis Massagen abgegeben und diese Massagen Leistungen der gesetzlichen Krankenkassen sind?

Information ist erlaubt.

Man muß davon ausgehen, daß für den hilfesuchenden Patienten ein Informationsbedarf besteht, sowohl über die Leistungen, die ein Therapeut anbietet und für eine Mitteilung darüber, ob dieses Angebot speziell für Mitglieder der gesetzlichen Krankenkassen besteht. Daher ist für dieses Informationsinteresse ein gesetzlicher Freiraum anzuerkennen. Hierin greift die Verbotsnorm aus den Versorgungsverträgen nicht. Wenn auf dem Praxisschild und auf dem Briefbogen des Praxisinhabers dessen Leistungen aufgezählt sind oder einige seiner Leistungen aufgezählt sind, so kollidiert dies nicht mit

---

*Gönn Dir was –
durch Saunaspaß*

**Sonnenstudio
Sauna/Massagepraxis
im Parkhaus XY
F. Mustermann**
- zugelassen bei allen Kassen -

Massage, Fango-Packungen, Heißluft, Eis-Therapie,
Bewegungs-Therapie, Fußreflexzonen-Therapie,
Sportphysiotherapie

Öffnungszeiten: Mo.-Fr. 14.30 - 22.00 Uhr,
Sa. 13.30 - 17.30 Uhr und nach Vereinbarung

Musterstr. 1, 80000 ABC-Stadt, Telefon: (00 00) 11 22 33 44

Med. Badebetrieb

im Parkhaus XY
Rehabilitationszentrum Mitte

Musterstr. 1, 80000 ABC-Stadt

Auf ärztliche Verordnung werden z. Zt. folgende Behandlungen durchgeführt:

- Med. Bäder
- Elektrogalvanische Bäder (Stangerbäder)
- Bestrahlungen
- Massagen
- Bindegewebsmassagen
- Unterwassermassagen
- Fangopackungen
- Inhalationen

Anmeldung zu den Behandlungen:

Mo., Mi.	7.00 - 15.00 Uhr
Di., Do.	8.00 - 17.00 Uhr
Freitag	7.00 - 12.00 Uhr

Telefon: 0 00/11 22 33 44 55

- alle Kassen -

dem vertraglichen Werbeverbot, wenn gleichzeitig der Zusatz auf die Behandlungsberechtigung durch die gesetzlichen Krankenkassen enthalten ist. Wenn jemand in Zeitungsanzeigen oder Postwurfsendungen für seine Leistungen wirbt und gleichzeitig bekannt gibt, daß diese Leistungen auch an Mitglieder der gesetzlichen Krankenkassen abgegeben werden können, so tritt der Informationscharakter hinter den Werbecharakter zurück, und man wird von einer zulässigen Werbung für die Leistungen der gesetzlichen Krankenkassen ausgehen müssen. Hier entscheidet der Einzelfall. Stehen die Leistungen und der Hinweis auf die gesetzlichen Krankenkassen in einem räumlichen Zusammenhang? Sind sie durch gleiche Schrifttypen hervorgehoben? Ist der Hinweis auf die Behandlungsberechtigung für die gesetzlichen Krankenkassen fetter gedruckt als der sonstige Text? Dann ist dem Werbecharakter der Vorzug gegeben, und es liegt vertragswidriges Werbeverhalten vor. Ist der Hinweis auf die gesetzlichen Krankenkassen jedoch in kleineren Buchstaben gedruckt, so wird er nur als Hinweis an den Leser aufzufassen sein, daß eine entsprechende Behandlungsberechtigung besteht, und der Werbecharakter rückt zugunsten des Informationscharakters in den Hintergrund.

Information kann mit Werbung kollidieren.

Bei überwiegender Werbung liegt ein Verstoß gegen die vertragliche Wettbewerbsabrede vor.

Die Annahme, daß die Bezeichnung „Massagepraxis" oder „Krankengymnastikpraxis" mit einem weiteren Hinweis auf die gesetzlichen Krankenkassen bereits verbotene Werbung ist, geht zu weit. Zwar wohnt den Begriffen „Massagepraxis" und „Krankengymnastikpraxis" notwendigerweise der Begriff inne, daß die im Namen dieser Praxen abgegebenen Leistungen auch angeboten werden; der Leser kann sich durch den Hinweis auf die gesetzlichen Krankenkassen auch eine sichere Vorstellung darüber machen, daß diese Leistungen auch von den gesetzlichen Krankenkassen vergütet werden. Dies geschieht jedoch im Rahmen einer zulässigen Information und verstößt nicht gegen das vertragliche Wettbewerbsverbot.

In einigen Versorgungs- bzw. Rahmenverträgen steht noch eine weitergehende Verbotsklausel:

„Eine Zusammenarbeit zwischen Leistungserbringer und Ärzten dergestalt, daß die freie Wahl des Versicherten unter den Leistungserbringern beeinflußt wird, ist unzulässig.

Einflußnahme auf den Arzt ist unzulässig.

Eine Beeinflussung der Versicherten und Ärzte, insbesondere hinsichtlich der Verordnung von unwirtschaftlichen Leistungen, ist ebenfalls unzulässig."

Diese weitergehende Werbebehinderung untersagt den Mitgliedern der medizinischen Fachberufe, auf Ärzte Einfluß zu nehmen mit dem Ziel, daß diese den Versicherten der gesetzlichen Krankenkassen bestimmte Leistungserbringer über sachliche Gründe hinaus empfehlen. Der zweite Verbotstatbestand untersagt sowohl den Leistungsanbietern, als auch den Patienten und Versicherten der gesetzlichen Krankenkasse, den Ärzten die Verordnung von Mitteln nahezulegen, die den Wirtschaftlichkeitsgrundsätzen der gesetzlichen Krankenkassen nicht entsprechen. Die Ärzte werden zwar durch die zitierten Werbebehinderungsbestimmungen des Versorgungsvertrages nicht gebunden, da sie an den Verträgen nicht teilhaben. Die Verbotsnorm richtet sich an die Adresse des Mitglieds der medizinischen Fachberufe. Bliebe nur noch die Frage, was soll den Therapeut veranlassen, einem Versorgungsvertrag mit wettbewerbsbehindernder Bestimmung beizutreten, wenn er andererseits wegen einer möglichen Verletzung dieser Bestimmung sogar Sanktionen zu befürchten hat? Die Mitglieder der medizinischen Fachberufe erbringen die Leistungen, zu deren Erbringung die gesetzlichen Krankenkassen verpflichtet sind. Sach- und Dienstleistung schulden die Krankenkassen ihren Versicherten, nicht etwa das vom Patienten gezahlte Honorar hierfür. Im Gegensatz zu den privaten Krankenversicherungsgesellschaften, die nach dem Äquivalenzprinzip die Beträge zu refinanzieren verpflichtet sind, die der bei ihnen Versicherte in der Praxis seines Therapeuten zahlen mußte, sind die gesetzlichen Krankenkassen zur direkten Leistungserbringung verpflichtet. Dazu sind sie jedoch nicht in der Lage, schon wegen fehlenden Fachpersonals. Daher suchen sie den verlängerten Arm, der die ihnen obliegende Leistung an den Versi-

Verzicht auf Werbung wegen Auftragsverhältnisses mit den Krankenkassen.

cherten abzugeben in der Lage und gewillt ist. Auf diese Weise werden die Leistungserbringer eine Art Erfüllungsgehilfe der Krankenkassen, und es ist durchaus akzeptabel und darüber hinaus wünschenswert, wenn sie die Krankenkassen bei dem mühsamen Versuch der Kostendämpfung unterstützen, obwohl hierzu eine Verpflichtung kraft Gesetzes nicht besteht.

Zulässig dürfte nach dem voraus Gesagten eine werbende Information folgender Art sein:

Massagen, Fango, Bewegungsübungen

Masseur und med. Bademeister
H. Mustermann,
X-Straße,
Y-Stadt

- Zugelassen zu allen Kassen lt. ärztlicher Verordnung -

- med. Bäder	**- elektrogalvanische Bäder (Stangerbäder)**
- Bestrahlungen	**- Massagen**
- Bindegewebsmassagen	**- Unterwassermassagen**
- Fangopackungen	**- Inhalationen**

Anmeldung zu den Behandlungen:
Mo, Mi 7 - 15 Uhr
Di, Do 8 - 17 Uhr
Fr   7 - 12 Uhr

Telefon: 012/34567-89

Physiotherapeutische Praxis

Maria Musterfrau
Musterdorf, ABC-Straße 7

00 11/22 33 44

- Krankenkassenleistungen -

Nicht zulässig sind:

---

*Massagen, Fango,
Unterwassermassagen,
Bewegungsübungen*

Alle Kassen

**Franz Muster
Musterhausen,
Bahnhofstraße 0**

Für alle Kassen:

Krankengymnastik-Praxis XY
XY-Stadt, Dorfstraße 2
33 44 55/66 77 88

Wettbewerbsrecht ist in gewissen Bereichen sehr schnellebig. Eine Änderung des Krankenkassenrechts kann in kurzer Zeit auch eine Veränderung des korrespondierenden Wettbewerbsrechtes nach sich ziehen. Es bleibt abzuwarten, ob weitere Entwicklungen im Gesundheitswesen auch auf das Wettbewerbsrecht Einfluß nehmen. Anzunehmen ist, daß die Rechtsposition des Wettbewerbsrechts gestärkt wird, insbesondere weil europarechtliche Bestimmungen den Wettbewerb fördern sollen. Dann wird das Gesundheitswesen nach anderen Kostenkontrollen suchen müssen.

6 Das allgemeine Wettbewerbsrecht

Nach § 1 des Gesetzes gegen unlauteren Wettbewerb kann derjenige auf Unterlassung und Schadensersatz in Anspruch genommen werden, der im geschäftlichen Verkehr zum Zwecke des Wettbewerbs Handlungen vornimmt, die gegen die guten Sitten verstoßen.

Die guten Sitten sind Maß für das UWG.

Der Gesetzestext von § 1 UWG lautet: „Wer im geschäftlichen Verkehre zu Zwecken des Wettbewerbes Handlungen vornimmt, die gegen die guten Sitten verstoßen, kann auf Unterlassung und Schadensersatz in Anspruch genommen werden." Schutzobjekt dieser gesetzlichen Bestimmung sind die guten Sitten.

Schutzobjekt von § 3 UWG ist das Vertrauen der Wettbewerbsteilnehmer und der vom Wettbewerb angesprochenen Personen auf Schutz vor Irreführung. Daher lautet § 3 des Gesetzestextes: „Wer im geschäftlichen Verkehr zu Zwecken des Wettbewerbs über geschäftliche Verhältnisse, insbesondere über die Beschaffenheit, den Ursprung, die Herstellungsart oder die Preisbemessung einzelner Waren oder gewerblicher Leistungen oder des gesamten Angebots, über Preislisten, über die Art des Bezugs oder die Bezugsquelle von Waren, über den Besitz von Auszeichnungen, über den Anlaß oder den Zweck des Verkaufs oder über die Menge der Vorräte irreführende Angaben macht, kann auf Unterlassung der Angaben in Anspruch genommen werden."

Die herrschende Meinung in Rechtsprechung und Literatur geht davon aus, daß jede Verletzung einer Norm des Heilmittelwerbegesetzes zugleich ein Verstoß gegen das Gesetz gegen den unlauteren Wettbewerb darstellt, ohne daß es besonderer, zusätzlicher, subjektiver Merkmale in dem Wettbewerbsverhalten des Werbenden bedarf (vgl. BGH GRUR 1963, S. 536 und Doepner, Heilmittelwerbegesetz, Einleitung, Rdnr. 26).

Ein Verstoß gegen das HWG ist ein Verstoß gegen das UWG.

Die Verletzung von Bestimmungen des HWG ist sittenwidrig im Sinne von § 1 UWG, „weil die Bestimmungen des HWG jeweils einen Wettbewerbssachverhalt unmittelbar zugunsten wichtiger Gesundheitsinteressen der Allgemeinheit und des individuellen Verbrauchers regeln" (vgl. Doepner, HWG, Einleitung, Rdnr. 26).

Nachdem im vorangegangenen Text schon ausführlich auf das HWG und seine Verbote eingegangen wurde, konnte damit auch deutlich gemacht werden, wie detailliert und genau dieses Gesetz gefaßt wurde. Der Gesetzgeber wollte damit versuchen, jede Form einer sittenwidrigen Werbung im Bereich des Heilwesens zu unterbinden.

§ 1 UWG reicht weiter als § 3 HWG

Erwähnenswert ist hierbei für das Verhältnis des UWG zum HWG, daß der das Wettbewerbsrecht beherrschende Wahrheitsgrundsatz zur Folge hat, daß die Generalklausel von § 1 des Gesetzes gegen unlauteren Wettbewerb auch dann greift, wenn bestimmte tatbestandliche Voraussetzungen von § 3 HWG oder § 3 Gesetz gegen den unlauteren Wettbewerb nicht vorliegen. Bestimmte Erscheinungsformen der Werbung, denen eine Irreführung typischerweise innewohnt, können als unlautere Werbung im Sinne von § 1 UWG eingestuft werden, ohne daß es eines Nachweises der konkreten Irreführungsgefahr im Sinne von § 3 HWG oder § 3 UWG bedarf (vgl. Baumbach-Hefermehl, § 1 UWG, Rdnr. 9 ff.). Somit kann festgestellt werden, daß der Tatbestand der Generalklausel von § 1 UWG weiter reicht. Es ist zu beachten, daß § 1 UWG voraussetzt, daß der Werbende sich der Sittenwidrigkeit der Werbung bewußt ist bzw. sich bewußt deren Kenntnis verschließt. Fahrlässige Unkenntnis genügt hier nicht (vgl. BGH GRUR 1964 S. 146, 150).

Ein Beispiel hierzu:

Ein Mitglied der Heilmittelanbieter richtete ein Schreiben an die ihm bekannten heilmittelverordnenden Ärzte mit u. a. folgendem Inhalt: „Das GRG sieht seit dem 01.01.1989 für unseren Bereich eine Patienteneigenbeteiligung von 10 % vor. Da in meiner Praxis der Verwaltungsaufwand höher ist als dieser Anteil, verzichte ich auf den Einzug bei Ihren Patienten." Hier liegt keine Irreführung vor, weil der Absender des Ärzteschreibens tatsächlich die Absicht hatte und durchführte, den 10 %igen Eigenanteil des Patienten nicht einzuziehen. Es liegt nach Ansicht eines Landgerichts (Osnabrück; AZ 3 HO 89/89) aber ein Verstoß gegen § 1 UWG vor, weil die Maßnahme eine „sittenwidrige Wettbewerbshandlung" ist (gemäß § 1 UWG) „weil sie ohne entsprechende Absprachen der zuständigen Krankenkasse zu einer falschen Abrechnung und damit zu einem Wettbewerbsvorteil des Beklagten gegenüber Mitbewerbern führt." Erklärt wird der sittenwidrige Wettbewerbsverstoß: „Dadurch, daß der Beklagte auf die Erhebung des 10 %igen Eigenanteils ... verzichtet, beträgt der Preis für die Leistungen des Beklagten in diesen Fällen 100 % – 10 % = 90 % der ursprünglichen Preise. Auf der Basis dieses Preises ist der Beklagte dann aber auch gegenüber der zuständigen Kasse abzurechnen verpflichtet, weil diese grundsätzlich nur 90 % auf den tatsächlich verlangten Preis in der Annahme erstattet, die übrigen 10 % habe der Leistungserbringer selbst erhoben. Bei einem tatsächlich verlangten Preis von 100 % – 10 % würde die Kasse somit unter Berücksichtigung des Eigenanteils darauf nur 90 % erstatten, also faktisch 81 % des ursprünglichen Preises von 100 %."

Verzicht auf Einzug des 10 %igen Patientenanteils ist wettbewerbswidrig.

Trotz der genauen Formulierung der Wettbewerbsverbote im Heilmittelwerbegesetz bleibt es dem Werbenden nicht erspart, sich zumindest kurz noch mit den Werbeverboten aus dem Gesetz gegen den unlauteren Wettbewerb auseinanderzusetzen.

Der Gesetzestext von § 3 UWG ist oben wiedergegeben.

§ 3 UWG soll vor Irreführung schützen ...

Im Unterschied zu § 3 des HWG, der ebenfalls irreführende Werbung verbietet, setzt die Vorschrift des § 3 UWG voraus, daß der Werbende im geschäftlichen Verkehr zu Zwecken des Wettbewerbs handeln muß. § 3 UWG verlangt eine wettbewerbsrelevante irreführende Handlung, d. h., die irreführende Angabe muß geeignet sein, die angesprochenen Verkehrskreise in ihren wirtschaftlichen Entschlüssen irgendwie zu beeinflussen

... fordert aber, daß der Werbende handelt.

§ 3 HWG kann nur durch irreführende Werbung ohne Handlung erfüllt werden.

(BGH GRUR 1971, S. 313, 315). § 3 HWG ist hier weitergehend als § 3 UWG wegen der hochgradigen Schutzinteressen der Allgemeinheit. Es ist im Anwendungsbereich des HWG schlechthin jede irreführende Werbung unzulässig, ohne daß es darauf ankommt, daß eine Wettbewerbshandlung vorliegt, und daß diese geeignet ist, den Kaufentschluß irgendwie zu beeinflussen.

Verhältnis von § 3 UWG zu § 3 HWG am Beispiel.

Arzneimittel, Gegenstände oder andere Mittel brauchen, abgesehen von den Pflichtinformationen nach § 4 HWG, keine Angaben über die Zusammensetzung und Beschaffenheit zu enthalten. Werden jedoch solche Angaben gemacht, so müssen sie der Wahrheit entsprechen. Unwahre Angaben werden im Zweifel keine wettbewerbsrelevante irreführende Handlung darstellen im Sinne von § 3 UWG, wohl aber eine Verletzung von § 3 HWG sein, da ein Irrtum über die tatsächliche Zusammensetzung oder Beschaffenheit des angepriesenen Mittels erregt wird.

§ 3 HWG gilt nur für produkt- bzw. leistungsbezogene Absatzwerbung.

Gegenüber § 3 UWG ist § 3 HWG insofern enger, als dieses Irreführungsverbot nur für die produkt- bzw. leistungsbezogene Absatzwerbung im Sinne von § 1 HWG gilt und § 3 UWG für die Geltendmachung eines zivilrechtlichen Unerlassungsanspruchs allein die Verletzung des objektiven Tatbestandes genügen läßt. § 3 HWG stellt gegenüber dem § 3 UWG kein Spezialgesetz dar, das die Anwendung von § 3 UWG neben § 3 HWG ausschließen würde (vgl. OLG Hamburg, WRP 1977, S. 810 und Doepner, Heilmittelwerbegesetz, § 3 Rdnr. 17).

Ein Verstoß gegen § 3 UWG ist im Zweifel auch ein Verstoß gegen § 3 HWG.

Auch hieraus läßt sich entnehmen, daß keinesfalls davon ausgegangen werden darf, daß allein § 3 HWG in Bezug auf irreführende Werbemöglichkeiten zu prüfen ist. Jedoch kann wegen des umfassenden Verbotscharakters von § 3 HWG davon ausgegangen werden, daß in den Fällen, in denen ein Verstoß gegen § 3 UWG vorliegt, ebenfalls ein Verstoß nach § 3 HWG vorliegt. Auch wenn § 3 kein Spezialgesetz im Vergleich zu § 3 UWG darstellt, so wird in diesen Fällen, in denen ein Verstoß von § 3 HWG wegen eines Verdachts der irreführenden Werbung in Betracht kommt, aufgrund der umfassenden Formulierung ein Verstoß gegen § 3 HWG anzunehmen sein.

Beispiele für unzulässige Werbung:

- *Bezeichnung als Kur eines in Wirklichkeit nur kosmetischen Bades,*
- *Bezeichnung als sensationelle Neuheit für ein seit zwei Jahren auf dem Markt befindliches Mittel,*
- *Benennung eines Bademoors nach einem bekannten Heilbad, wenn das Mittel nicht vom genannten Gewinnungsort stammt,*
- *Bezeichnung „med." in einer Warenbezeichnung, wenn die Bezeichnung so formuliert ist, als handele es sich um ein ärztlich verschriebenes oder empfohlenes Mittel,*

- *Werbung mit „Hand-Massage-Apparat" baut Fettpolster ab,*

- *Werbung mit dem Doktor-Titel eines Unternehmensgeschäftsführers ohne Angabe der Fakultät,*

- *Werbung mit einem Professorentitel ohne Hinweis auf den Ursprungsort als ausländische Universität,*

- *Verwendung des Doktor-Titels ohne Fakultätsangabe in einem Warenzeichen für med. Erzeugnisse,*

- *Erwähnung einer „Akademie für Ernährung" mit dem Hinweis auf eine wissenschaftliche Leitung in der Werbung*

7 Wettbewerbsprobleme bei den medizinischen Fachberufen und Heilpraktikern

Obwohl es nur Verbotstatbestände im Gesetz gibt und Zulässiges vom Gesetzgeber nicht eigens genannt wird, ist aus der Mitteilung des Verbotenen keineswegs mühelos das Erlaubte abzuleiten. Die noch bis vor wenigen Jahren dem ärztlichen Standesrecht entlehnten und für die medizinischen Fachberufe und den Beruf des Heilpraktikers analog angewandten wettbewerbsbeschränkenden Bestimmungen sorgen nach wie vor für so viel Unsicherheit bei den betroffenen Personen, daß neben der Darstellung des Verbotenen nur eine Auflistung der erlaubten Werbemöglichkeiten Klarheit zu erbringen vermag. Die nachfolgende Auflistung von häufigen Werbemaßnahmen erfolgt kasuistisch und bezieht sich auf in der Praxis häufig vorkommende Fälle, Anfragen und Gegenstände von Abmahnvorgängen.

7.1 Großwerbemaßnahmen

Zu den Großwerbemaßnahmen gehören die für die angesprochenen Leserkreise doch verhältnismäßig seltenen, weil zu teuren, Werbeveranstaltungen in Kinos, Rundfunk und Fernsehen, durch Beschriftung auf öffentlichen und privaten Fahrzeugen und durch stationäre Werbemaßnahmen bei Veranstaltungen und öffentlichen Festen.

7.1.1 Kinowerbung

Kinowerbung ist erlaubt.

Therapeuten und Heilpraktikern ist es nicht verwehrt, für ihre Praxis im Kino zu werben. Sei es durch bewegte oder stehende Bilder, mittels Bild und Ton; diese Art der Werbung ist nicht verboten. Der Werbende muß lediglich darauf achten, daß er im Rahmen seiner Kinowerbung nicht begleitend andere Werbeverbote berührt.

Sie ist verboten, wenn der Praxisinhaber sich in Berufskleidung ...

Wenn jemand für seine Praxis wirbt, liegt es nahe, daß zur Belebung des angebotenen Bildes der Praxisinhaber sich in demselben selbst präsentiert. Im Rahmen einer solchen Werbung wird das Erlaubte erst zum Unerlaubten, wenn der Praxisinhaber sich bei der Ausübung seines Berufes darstellt. Sei es nun, daß er einen Patienten behandelt, ein Elektrogerät bedient oder ein medizinisches Bad einläßt, all dies sind Tätigkeiten, die von § 11 Ziffer 4 HWG (siehe Kapitel 7.11.1) untersagt sind.

... oder bei beruflicher Tätigkeit zeigt.

Natürlich wird bei einem Verzicht auf solche Darstellungen die Aussagekraft des Bildes geringer, aber es bleibt dem Praxisinhaber ja noch immer unbenommen, sich im Straßenanzug und ohne berufliche Betätigung darzustellen. Natürlich darf auch kein anderer der aufgezählten Verbotstatbestände – von denen jedoch keiner besonders nahe liegt – verletzt werden.

7.1.2 Rundfunkwerbung

Rundfunkwerbung ist erlaubt.

Die medizinischen Fachberufsträger und Heilpraktiker dürfen auch Rundfunkwerbung machen. Auch hier gilt es nur, darauf zu achten, daß anläßlich der durchgeführten Werbemaßnahme keine Werbeverbotstatbestände verwirklicht werden. Anders als beim wiedergegebenen Bild liegen beim Hörfunk andere Gefahren nahe. Der Werbende kann mit Gutachten werben und damit die Qualität seiner Praxis anpreisen oder mit der Möglichkeit, eine Erkrankung selbst zu erkennen, um sie sodann behandeln zu lassen. Dies ist verboten (siehe

Vorsicht vor begleitenden Werbeverboten.

Kapitel 7.10.1 – 7.10.7). Nicht hingegen ist es untersagt, mit Hinweis auf Öffnungszeiten und die in der Praxis abgegebenen Therapieformen informierend an die Öffentlichkeit zu treten. In diesem Falle empfiehlt es sich jedoch, Hinweise auf die gesetzlichen Krankenkassen sehr zurückhaltend zu formulieren (siehe Kap. 5).

7.1.3 Werbung auf öffentlichen und privaten Verkehrsmitteln

Die Werbung auf öffentlichen und privaten Verkehrsmitteln ist eine gern genutzte Werbemöglichkeit. Das Verkehrsmittel bewegt sich im Zweifel und wird nicht nur von Betrachtern eines bestimmten Standortes gesehen. Was sich bewegt, fällt leichter ins Auge als das Sta-

tionäre. Hinzu kommt, daß Straßenbahnen z. B. große Flächen haben, die Werbung aufnehmen können und damit den Betreibern zusätzliches Geld einbringen. Auch eine solche Werbung ist den angesprochenen Kreisen nicht untersagt. Es gilt nur, darauf zu achten, daß bei der Durchführung einer solchen Werbung ver-

Werbung auf öffentlichen und privaten Verkehrsmitteln ist grundsätzlich erlaubt.

botene Tatbestände, auf die es sicherlich innerhalb der gesamten Werbeaussage überhaupt nicht ankommt, nicht erfüllt werden. Im Rahmen von Werbemaßnahmen stolpert der Werbende meist ahnungslos in einen Verbotstatbestand hinein, obwohl die von ihm gewählte Form der Werbung grundsätzlich zulässig ist. Auch hier kommt es darauf an, daß keine bildliche Darstellung des Praxisinhabers oder seiner Mitarbeiter im Werbetext erscheint. Die bildliche Darstellung darf auch nicht abstrakt sein, nicht einmal in der Form der bei Olympiasignalen vorkommenden Strichmännchen. Die häufig, beispielsweise von Masseuren, gewählte Form des Strichmännchens vor einer Behandlungsliege ist auch untersagt und unter hohe Bußgeldandrohung gestellt (siehe Kapitel 7.11.1 und Kapitel 4.5.2). Auch hier empfiehlt sich der Hinweis auf die gesetzlichen Krankenkassen als Vergütungsschuldner mit großer Zurückhaltung.

7.1.4 Werbung durch einen Stand auf öffentlichen und privaten Veranstaltungen

Werbung durch einen Stand auf öffentlichen oder privaten Veranstaltungen ist grundsätzlich erlaubt.

Veranstaltungen werden organisiert, um von vielen Personen besucht zu werden. Diese Tatsache kann ein Werbender geschickt dazu auswählen, um von den Besuchern, die u. U. einen ganz anderen Informationszweck verfolgen, ebenfalls wahrgenommen zu werden. Auch gegen diese Werbemöglichkeit spricht keine Verbotsnorm. Die Therapeuten können anläßlich von Volksfesten, Tagungen und Fachtagungen durchaus die Besucher mit Informationen über ihre Praxis versehen, ihre Leistungen bekanntgeben und auf ihre Erreichbarkeit mit öffentlichen Verkehrsmitteln hinweisen. Sie dürfen ihr eigenes Parkplatzangebot bekanntgeben und damit werben, den behindertengerechten Eingang erwähnen und auf ihre langen Öffnungszeiten (bis beispielsweise 21.00 Uhr) hinweisen.

Auch hier gilt es wieder, die meist aus Unwissenheit verwirklichten Tatumstände nicht zu begehen, wie:
- *Darstellung von Praxisinhaber oder Mitarbeitern in Berufskleidung oder bei Ausübung ihrer Berufstätigkeit,*
- *Werbung mit Gutachten und Fachveröffentlichungen,*
- *Werbung mit der Wiedergabe von Krankengeschichten,*
- *Werbung mit fach- oder fremdsprachlichen Bezeichnungen,*
- *Werbung mit einer Aussage, die geeignet ist, Angstgefühle hervorzurufen,*
- *Werbung mit Veränderung des menschlichen Körpers durch Krankheiten,*
- *Werbung mit Veränderungen der Wirkung eines Arzneimittels oder Verfahrens,*
- *Werbung mit Dank und Anerkennungsschreiben u. a.*

7.2 Werbung im Praxisumfeld

Der nachhaltigste Grund, auf seine Praxis hinzuweisen, besteht für den Therapeuten im unmittelbaren Praxisumfeld. Hier möchte er sein Praxisschild befestigen und ggf. darüber hinaus noch weitere Hinweise auf seine Praxis geben. Dabei herrscht aus den mehrfach vorbeschriebenen Gründen große Unsicherheit in der Abgrenzung von Erlaubtem zu Unerlaubtem.

7.2.1 Praxisschild

In der Berufsordnung für Ärzte war das Praxisschild mit einer Größenordnung von maximal 35 × 50 cm beschrieben. Für die angesprochenen Leserkreise gibt

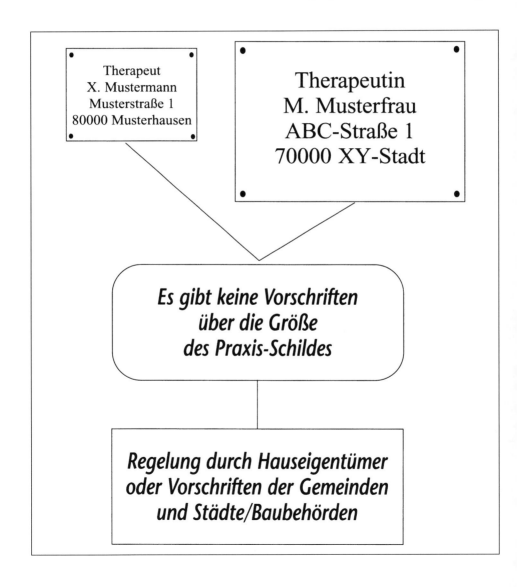

es diese Vorschrift nicht. Sie ist auch nicht analog anzuwenden. Vorschriften für die Größe oder Gestaltung des Praxisschildes fehlen gänzlich. Daher sind Größe und Gravierungen des Praxisschildes grundsätzlich dem Praxisinhaber und im Zweifel dem Hauseigentümer vorbehalten.

Es gibt keine Vorschrift für Größe und Anbringung des Praxisschildes.

Meist schreibt der Mietvertrag eines Praxisinhabers bereits vor, welche Art von Praxisschild an welcher Stelle erlaubt ist. Besonders, wenn mehrere selbständig tätige Freiberufler oder Gewerbetreibende in einem Anwesen wohnen, legt der Hauseigentümer Wert auf eine einheitliche Außenwerbung. Der Praxisinhaber kann solchen vertraglichen Anforderungen nachkommen, weil es keine bindenden gesetzlichen Vorgaben für das Praxisschild gibt. Sowohl Material wie Größe sind ihm bzw. den vertraglichen Vereinbarungen zwischen ihm und dem Hauseigentümer überlassen. Auch der in das Praxisschild aufgenommene Erklärungsinhalt steht dem Praxisinhaber zu seiner Gestaltung frei. Er kann alle von ihm angebotenen Leistungen aufführen oder sich auf einige wesentliche, die Hauptleistungen, beschränken. Er kann neben den schulisch erlernten Leistungen auch jene Leistungen hinzufügen, die er im Rahmen späterer beruflicher Weiterbildung erlernt hat. Der Praxisinhaber kann sowohl Leistungen, die von den gesetzlichen Krankenkassen als Vertragsleistungen übernommen werden, als auch sonstige Leistungen, wie beispielsweise Fußreflexzonentherapie, in seine Praxisschildangaben aufnehmen. In diesem Falle sollte er jedoch, um Mißverständnissen vorzubeugen, bei einem etwaigen Hinweis auf die gesetzlichen Krankenkassen im Rahmen dieser Angaben nur die Leistungen nennen, die auch tatsächlich von den gesetzlichen Krankenkassen nach geltendem Heil- und Hilfsmittelrichtlinienkatalog abgegeben werden. Falls der Praxisinhaber also sowohl jene wie solche Leistungen anbietet, die von den Kassen nicht vergütet werden, empfiehlt es sich, unter die Aufzählung der Leistungen der gesetzlichen Krankenkassen und dem Hinweis auf alle Kassen einen Strich zu ziehen und darunter erst die nicht mehr zu den Krankenkassen zählenden Leistungen darzustellen. Es können auch ähnliche Abgrenzungen vorgenommen werden; wesentlich bleibt, daß eine Verwechslung von

Der Mietvertrag kann eine Regelungsanordnung enthalten.

Ein Hinweis auf die Krankenkassen sollte nur erfolgen mit Hinweis auf Kassenleistungen, nicht mit Hinweis auf andere Leistungen.

Krankenkassenleistungen mit solchen Leistungen, die von den gesetzlichen Krankenkassen nicht erstattet werden, nicht vorkommen kann. Solche Unterscheidungskriterien entfallen natürlich dann, wenn überhaupt kein Hinweis auf die gesetzlichen Krankenkassen vorliegt.

In einigen Ländern der Bundesrepublik Deutschland wurde zwischen den Landesverbänden der Primärkassen und Verbänden der Heilmittelanbieter vereinbart, daß ein Hinweis auf die Krankenkassen im Praxisschild enthalten sein sollte. Da es sich bei diesem Hinweis um eine Maßnahme der Versorgung mit Heilmittel im Sinne von § 125 SGB V handelt, dürfte die Vereinbarung zulässig sein. Den angesprochenen Lesern wird daher empfohlen, einen Blick in die für sie gültigen Versorgungsverträge zu werfen, ob eine entsprechende Verpflichtung auf die Angabe der gesetzlichen Krankenkassen enthalten ist und ggf. diesen Hinweis in das Praxisschild mitaufzunehmen, beispielsweise durch: „Alle Primärkassen und Ersatzkassen". Bis vor kurzem galt ein solcher Hinweis noch als irreführend, weil es den medizinischen Fachberufen nicht vorbehalten ist, Leistungen zu Lasten der gesetzlichen Krankenkassen auszulösen, sondern nur dem verordnenden Arzt. Wer vorsichtig ist und diesen Umstand trotz anders lautender – wenn auch nicht obergerichtlicher Rechtsprechung – weiterhin beachten will, der sollte in sein Praxisschild aufnehmen: „Alle Leistungen von Primär- und Ersatzkassen lt. ärztlicher Verordnung". Es wurden schon Praxisschilder gesichtet, die als überdimensional empfunden wurden, obwohl es für den Betrachter nicht notwendig gewesen wäre, die außerordentliche Größe zu wählen und auch die örtlichen Gegebenheiten die gewählte Größe nicht erforderlich machten. Obwohl ein solches Schild die ästhetischen Empfindungen des Betrachters möglicherweise zu kränken vermag, ist es nicht untersagt. Erst wenn es eine Größe oder eine möglicherweise farbliche Gestaltung erreicht, die das gesamte Bauwerk, an welchem es befestigt ist, mitprägt, werden die örtlichen Baubehörden zuständig und könnten aus dem Gesichtspunkt baurechtlicher Genehmigung eine Veränderung des durch das Praxisschild

Ein Hinweis auf Kassenzulassung kann von den Versorgungsverträgen gefordert sein.

Das Praxisschild kann baurechtlichen Bedenken begegnen.

erfolgenden Praxishinweises verlangen. Hierzu gehört aber eine außerordentliche Übertreibung.

Das Schild sollte in jedem Fall die Berufsbezeichnung des Praxisinhabers enthalten. Es besteht ein Informationsrecht des Betrachters und möglicher Patienten darauf zu wissen, welchen Beruf der Praxisinhaber ausübt. Insbesondere bei Praxen, in denen Leistungen abgegeben werden, die über das Berufsspektrum des Inhabers hinausgehen, sollte der Betrachter des Praxisschildes darüber informiert werden, welchen Beruf der Praxisinhaber selbst ausübt. Eine entsprechende Forderung hat das Oberlandesgericht Karlsruhe bereits mit Urteil vom 10.10.1990 (AZ: 6 U 88/90) aufgestellt.

Die Berufsangabe im Praxisschild wird empfohlen.

7.2.2 Praxisschild einer Gesellschaft (Praxisgemeinschaften und Gemeinschaftspraxen)

Für das Praxisschild von Gesellschaften, die eine Praxis betreiben, gilt zunächst das im vorhergehenden Abschnitt Ausgesagte. Darüber hinaus können auch Empfehlungen und die nachfolgenden verbindlichen Hinweise gegeben werden.
Praxisgemeinschaften sollten unterschiedliche Praxisschilder benutzen. Der Hinweis auf mehrere Mitglieder einer Praxisgemeinschaft auf einem Praxisschild könnte beim Patienten den Eindruck hinterlassen, es handele sich um die Mitglieder einer Gemeinschaftspraxis. Die Mitglieder einer Gemeinschaftspraxis nach einem Gesellschaftsvertrag des bürgerlichen Rechts (GdbR) haften nach anderen Gesichtspunkten für einander, so daß die indizielle Wirkung des Praxisschildes auf das Vorliegen einer Gemeinschaftspraxis unterbleiben sollte, wenn eine solche nicht vorliegt.

Bei Praxisgemeinschaften kann die Nennung aller Leistungsanbieter irreführend auf eine Gemeinschaftspraxis deuten.

Bei den Gemeinschaftspraxen gibt es seit 01.07.1995 die bis dahin rechtlich nicht mögliche Form der Partnerschaftsgesellschaft neben der Gesellschaft nach den Regeln des Bürgerlichen Gesetzbuches (GdbR). Bei der Partnerschaftsgesellschaft muß der Name wenigstens

Partnerschafts-gesellschaften erfordern die Nennung von wenigstens dem Namen eines Partners ...

... dem Zusatz „und Partner" o. ä.

... und aller Berufs-bezeichnungen.

eines der Partner in der Gesellschaftsbezeichnung enthalten sein. Es muß der Zusatz „und Partner" (wenn nicht alle Partner in der Gesellschaftsbezeichnung genannt werden) oder „Partnerschaft" (wenn alle Partnernamen genannt werden) erfolgen. Außerdem müssen alle Berufsbezeichnungen der in der Partnerschaft vertretenen Berufe angezeigt werden. Dies bestimmt § 2 des Partnerschaftsgesellschaftsgesetzes für den Namen der Partnerschaft. Verständlicherweise müssen die gleichen Angaben auch im Praxisschild enthalten sein. Hierzu verpflichtet der Grundsatz der Firmenklarheit. Ein Wechsel der Mitglieder der Partnerschaft mit der Folge, daß ein neuer Beruf hinzukommt oder der Vertreter eines sonst nicht mehr vertretenen Berufes aus der Partnerschaft ausscheidet, erfordert automatisch die Anpassung des Praxisschildes.

Praxisgemeinschaften
nach den Regeln
der Gesellschaft des bürgerlichen Rechts

| Physikalische Therapie
X. Mustermann
Musterstraße 1
80000 Musterhausen | Krankengymnastik
M. Musterfrau
Musterstraße 1
80000 Musterhausen |
|---|---|
| Naturheilpraxis
XY
Musterstraße 1
80000 Musterhausen | Massage
H. Beispiel
Musterstraße 1
80000 Musterhausen |

> *Gemeinschaftspraxis*
> nach den Regeln
> des Partnerschaftsgesellschaftsrechts
>
> **Mustermann und Partner**
> Physiotherapeut
> Masseur/med. Bademeister
> Krankengymnastik
> Massage

Bei der Gesellschaft des Bürgerlichen Rechts (GdbR) fehlt eine korrespondierende gesetzliche Regelung, wie in § 2 Partnerschaftsgesellschaftsgesetz. Verbindlich sind hier nur die vertraglichen Bestimmungen in Versorgungs- oder Rahmenverträgen der Verbände der gesetzlichen Krankenkassen mit den Leistungserbringern bzw. deren Berufsverbänden, soweit sie konkrete Regelungsinhalte für Gesellschaften besitzen. Bei den Gesellschaften des bürgerlichen Rechts sind alle Gesellschafter geschäftsführungs- und vertretungsbefugt und repräsentieren damit die Gesellschaft. Folglich wäre es logisch, alle Gesellschafternamen in das Praxisschild aufzunehmen.

Bei der BGB-Gesellschaft (GdbR) fehlen regulierende Vorschriften.

7.2.3 Praxisfenster / Schaufenster

Die Praxen von medizinischen Fachberufen und Heilpraktikern sind oft in hellen Räumen mit großen Fensterflächen untergebracht. Da es für die genannten Berufe kein nennenswertes Ausstellungsobjekt für Schaufenster gibt, wurde bei fachkundigen Stellen in den letzten Jahren häufig nachgefragt, ob eine große

**Schaufensterbe-
schriftung ist
zulässig ...**

Schaufensterwerbung zulässig sei. Vorgestellt war dabei, daß man in großen Buchstaben auf die Praxis, den Praxisinhaber und angebotene Leistungen der Praxis hinweist. Falls die Praxis in einem der oberen Stockwerke eines Gebäudes untergebracht wird, macht dies Sinn, weil die Praxis von weiter her als solche bereits erkennbar ist und nicht erst durch das verhältnismäßig kleine Praxisschild gefunden werden kann. Wenn die Beschriftung zu groß ist, liegt der Verdacht schon sehr nahe, daß der Inhaber durch die Beschriftung einen besonderen Werbeeffekt erzielen wollte. Gleichwohl ist gegen eine solche Maßnahme, auf sich aufmerksam zu machen, rechtlich nichts einzuwenden. Sowohl die Be-

Die Größe des Schildes ist nicht festgelegt. Beschränkungen nur durch Mietverträge und Baubehörden.

schriftung mit großen Buchstaben von Erdgeschoßpraxen als auch eine Beschriftung von Praxen in den oberen Geschossen eines Bauwerkes ist rechtlich nicht zu beanstanden, wenn keine Mitteilungen gemacht werden, die wegen sonstiger Verbotstatbestände nicht erlaubt sind. Falls sich die Beschriftung auf die Praxis, den Namen und den Beruf des Inhabers und die in der Praxis abgegebenen Leistungen beschränkt, können gar keine Einwände erhoben werden. Falls die Hinweise auf gesetzliche Krankenkassen und deren Leistungspflicht gegeben werden sollen, empfiehlt sich, Kapitel 5 und 7.9 durchzulesen. Strichmännchen oder sonstige werbende Abbildungen von bei der Berufsausübung tätigen Mitgliedern der Heilberufe sind zu unterlassen und würden gegen zwingende Vorschriften des HWG verstoßen und ggf. Bußgelder auslösen. Ansonsten ist die künstlerische und grafische Gestaltung in das Belieben des Praxisinhabers gestellt. Er sollte sich vergewissern, ob der Mietvertrag eine Praxisfenster-/Schaufensterbeschriftung erlaubt. In den meisten Mietverträgen wird nur das Praxisschild als erlaubte Werbefläche genannt. Baurechtliche Grundsätze könnten bei Gebäuden, die unter Denkmalschutz stehen oder in die Denkmalliste aufgenommen sind, Schwierigkeiten auslösen.

Mietvertragliche Bestimmungen können Schaufensterwerbung untersagen.

7.2.4 Autoreklame

Für den Arzt wäre es aufgrund bestehender standesrechtlicher Vorschriften unzulässig, auf der Heckscheibe seines Kraftfahrzeuges Werbung für seine Praxis zu betreiben. Entsprechende Vorschriften fehlen jedoch für die angesprochenen Leserkreise. Daher steht es den Mitgliedern der medizinischen Fachberufe und Heilpraktikern durchaus frei, ihr Auto mit Hinweisen auf ihre Praxis zu versehen. Ob dies auf der Heckscheibe oder auf den Seitenscheiben oder auf Metallteilen durchgeführt wird, ist gleichgültig. Die Grenze der Zulässigkeit dürfte erst dadurch erreicht sein, daß die freie Sicht für den Fahrer durch die vorgenommene Beschriftung behindert wird. Dies ist ein zulassungsrechtliches Problem, das nicht von Krankenkassen und

Autoreklame ist zulässig, aber verkehrsrechtliche Vorschriften sind zu beachten.

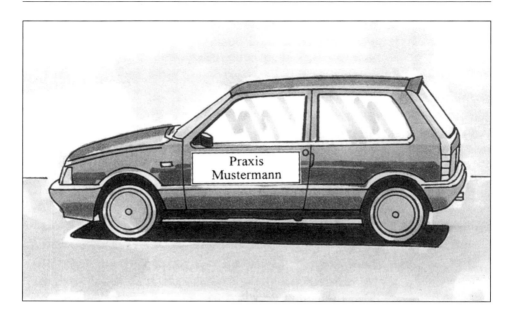

berufsständischen Organisationen aufgegriffen wird, sondern durch die Straßenverkehrszulassungsbehörde. Diese Werbung darf auch keine Tatbestände verletzen, die als Verbotsnormen rechtlich vorgegeben sind, auch hier gilt es, den Hinweis auf die gesetzlichen Krankenkassen in Verbindung mit den angebotenen Leistungen zu unterlassen (siehe Kapitel 5 und 7.9) und von bildlicher Darstellung, insbesondere auch durch Strichmännchen, abzusehen.

7.2.5 Lichtreklame / Leuchtreklame

Licht- oder Leuchtreklame ist zulässig, aber bau- und verkehrsrechtliche Vorschriften sind zu beachten.

Mit Rücksicht auf Patienten, die in den normalen Arbeitsprozeß zu üblichen Arbeitszeiten eingebunden sind, gestalten etliche Praxisinhaber ihre Besuchszeiten bis in den späten Abend. Hieran sind sie durch keinerlei rechtliche Vorschriften gehindert. Diese Inhaber möchten oft auch ihre Praxis in dunklen Abendstunden leicht erkennbar mit Licht- oder Leuchtreklame ausstatten. Beleuchtete Praxisschilder oder Neonbeschriftungen in den Schaufenstern sind für solchen Zweck geeignete Hinweiseinrichtungen. Diese sind auch rechtlich den Therapeuten und Heilpraktikern nicht untersagt. Berufsrechtlich gibt es wiederum keine bindenden Vorschriften, die eine solche Leucht- oder Lichtreklame als unzulässig ausschließen würden. Wer eine solche Reklame plant, der sollte nicht im Berufsumfeld nach Verbotstatbeständen suchen, sondern im Baurecht und allenfalls im Straßenverkehrsrecht. Es ist durchaus denkbar, daß die örtliche Baubehörde etwas gegen eine beabsichtigte Neonreklame einzuwenden hat und daß die Straßenverkehrsbehörden aus Verwechslung mit amtlichen Lichtzeichen Einwendungen vortragen. Berufsrechtlich bleibt nur der Hinweis auf die möglicherweise begleitenden Verbote, die bereits in den vorherigen Abschnitten erörtert wurden.

7.2.6 Werbung auf Wegweisern

An dieser Stelle muß noch einmal vorausgeschickt werden, daß einer jeden Information Werbung innewohnt. Auch wer einen Wegweiser abseits von seiner Praxis aufstellt, um auf den kürzesten Weg zur Praxis hinzuweisen, informiert und wirbt gleichzeitig. Diese Wegweiser sind aus allen denkbaren berufsrechtlichen Erwägungen zulässig. Es ist dabei gleichgültig, ob ein zwingendes Bedürfnis für den Wegweiser besteht, weil der Patient sonst möglicherweise den Weg zur Praxis

Wegweiser sind zulässig.

◁ **Massagepraxis Mustermann**

erlaubt

nicht findet, oder der Wegweiser die Absicht verfolgt, den Patienten, der ansonsten in eine näher gelegene Praxis abbiegen könnte, den Weg zur eigenen Praxis zu weisen.

Letzteres Verhalten könnte nur unter dem Gesichtspunkt von Kollegialität geprüft werden. Es erweist sich, daß im Recht der medizinischen Fachberufe und Heilpraktiker kein kollegial freundliches Verhalten gefordert wird (wie es bei Ärzten oder Rechtsanwälten beispielsweise der Fall ist). Wenn der Praxisinhaber A in unmittelbarer Nähe des Praxiseingangs zur Praxis B ein Hinweisschild auf seine Praxis aufstellt, dann kommt es für die Frage der Beseitigung dieses Schildes nur darauf an, ob der Praxisinhaber A es in zulässiger Weise auf einem Grundstück aufgestellt hat, dessen Eigentümer ihm das Aufstellen genehmigte und ob das Hinweisschild keinen baurechtlichen oder straßenverkehrsrechtlichen Vorschriften zuwiderläuft. Dem betroffenen Berufskollegen, der eine Abwanderung seiner Patienten befürchtet, steht keine Wettbewerbsregel zur Seite, mit welcher er den Hinweis des konkurrierenden Berufskollegen entfernen lassen könnte, es sei denn, der werbende Kollege sagt mit seinen eigenen Werbehinweisen Negatives oder Unwahres über den Konkurrenzbetrieb aus.

7.2.7 Werbung durch Konkurrenz

Konkurrenzbetriebe sind die massivste Form der Werbung.

Eine massive Form der Werbung, die die werbende Praxis begünstigen und eine konkurrierende Praxis benachteiligen kann, ist natürlich die Einrichtung eines konkurrierenden Praxisbetriebes in unmittelbarer Nähe einer anderen Praxis. Soweit eine solche Einrichtung rechtlich zulässig ist, entsteht hierdurch die schärfste Form des Wettbewerbes. Wenn die Niederlassung des Berufskollegen jedoch nicht zulässig ist, ist auch die von ihm ausgehende Werbemaßnahme unterbindbar. Das hängt in erster Linie von der Vermietersituation ab. Der Mieter kann von seinem Vermieter grundsätzlich verlangen, daß er im gleichen oder im benachbarten Gebäude nicht an einen Konkurrenten des Mieters vermietet. Dies gebietet die dem Vermieter obliegende Fürsorgepflicht gegenüber seinem Mieter. Tut er dies dennoch, so kann der Mieter die Beseitigung des konkurrierenden Unternehmens vom Vermieter verlangen. Aber Vorsicht: Ein Klageantrag auf Beseitigung des Konkurrenzunternehmens ist im gerichtlichen Erkenntnisverfahren zwar erstreitbar, im Vollstreckungsverfahren jedoch kaum durchzusetzen. Ein Antrag auf Schadensersatz scheitert leicht an dem Nachweis der Schadenskausalität. Die Pflicht des Vermieters besteht sowohl für den Fall, daß eine wettbewerbsschützende Vertragsbestimmung in den Mietvertrag aufgenommen wurde, als auch, wenn eine solche im Vertrag fehlt. Im letzteren Fall greift zugunsten des Mieters die gesetzliche Fürsorgepflicht. Der Logopäde kann demzufolge von seinem Vermieter verlangen, daß im gleichen oder unmittelbar benachbarten Gebäude nicht an einen weiteren Logopäden vermietet wird. Gleiches kann auch der Masseur und med. Bademeister von seinem Vermieter verlangen, im Zweifel aber auch, wenn dieser an einen berufsnahen Berufsträger vermieten will, möglicherweise an einen Physiotherapeuten. In solchen Fällen empfiehlt es sich, anwaltliche Hilfe in Anspruch zu nehmen, da es auf weitere individuelle Merkmale der Konkurrenzgestaltung ankommt und berufsanalytisch die Inhalte der in Konkurrenz tretenden Berufe untersucht werden müßten. In jedem Fall ist es besser, eine Konkurrenzausschlußklausel in den Mietvertrag aufzunehmen und einen Verstoß dagegen mit einer Sanktionsklausel zu versehen, etwa »Im Fall eines Verstoßes zahlt der Vermieter monatlich an den Mieter …«.

Sie können nur bedingt ausgeschlossen werden, z. B. durch Mietvertragsklauseln.

7.3 Prospekt- und Zeitungswerbung

Prospekt- und Zeitungswerbung ist grundsätzlich zulässig.

Die begehrteste Form der Werbung ist die Prospekt- und Zeitungswerbung. Sie ist verhältnismäßig erschwinglich und hat einen großen Streuungseffekt, d. h. sie erreicht eine große Anzahl von Personen. Wegen der hohen Werbeeffizienz ist diese Art von Werbung bei den Berufen mit gesetzlicher Werberegelung besonders eingehend geregelt. Ärzte beispielsweise dürfen aus Anlaß ihrer Niederlassung dreimal in ortsnahen Zeitungen auf die Eröffnung ihrer Praxis hinweisen und müssen dabei die hierfür übliche Größe von Veröffentlichungen einhalten. Wiederum fehlt eine vergleichbare Regelung für die angesprochenen Therapeuten und Heilpraktiker. Daher kann eingangs gesagt werden, daß grundsätzlich Werbemaßnahmen der beschriebenen Art diesen Berufsgruppen gegenüber offenstehen. Die werbenden Praxisinhaber verfallen jedoch immer wieder in den einen oder anderen Fehler durch Aufnahme eines verbotenen Werbetatbestandes.

7.3.1 Briefkastenwerbung / Postwurfsendung

Briefkastenwerbung und Postwurfsendungen erreichen nur wenige Zielgruppenpersonen.

Die Briefkastenwerbung und Postwurfsendung endet im Briefkasten des umworbenen möglichen Patienten. Der Wohnungsinhaber nimmt mit der für ihn bestimmten wichtigen Post auch diese unerwünscht zugeleitete Reklame entgegen. Diese Art der Briefkastenwerbung hat zwar einen enorm hohen Streuungseffekt, erreicht aber eine völlig ungewisse Zahl von Zielgruppenpersonen. Zu jenen Gruppen gehören die Patienten oder latenten Patienten, welche die Hilfe eines Therapeuten oder Heilpraktikers in Anspruch nehmen wollen oder müssen. Derjenige, der nicht zu jenen Zielpersonen gehört, scheidet aus dem Kreis der erfolgreich umworbenen Personen von vornherein aus. Da therapeutische Hilfe und die Behandlung durch den Heilpraktiker nur dem erkrankten oder leidenden Menschen zugute kommen kann (ausgenommen von einigen prophylaktischen Maßnah-

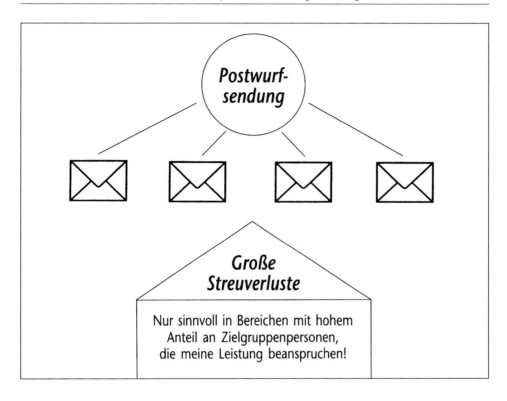

men), ist der Werbungsaufwand groß und verfehlt in vielen Fällen mangels eines geeigneten Ansprechpartners sein Ziel. Deshalb ist die Briefkastenwerbung und Postwurfsendung unter den angesprochenen Therapeuten und Heilpraktikern nur dort üblich, wo die Zielgruppe durch irgendwelche begünstigenden Umstände zahlreich und dicht vertreten ist. Das ist z. B. in Heilbädern und Kurorten der Fall, wo viele Personen hinkommen und sich wegen der angebotenen und nur örtlich abzugebenden Heilbad- und Kurmittelleistungen aufhalten. In diesen Fällen werden oft bestimmte Krankheiten angesprochen, für die der Ort ein natürliches Heilmittel anzubieten pflegt. Damit gerät man leicht in einen der Verbotstatbestände nach § 12 HWG. § 12 HWG lautet: „Die Werbung für Arzneimittel außerhalb der Fachkreise darf sich nicht auf die Erkennung, Verhütung, Beseitigung oder Linderung der in der Anlage zu diesem Gesetz

Briefkastenwerbung und Postwurfsendungen sind zulässig ...

... aber oft schleichen sich verbotene Werbeelemente ein.	aufgeführten Krankheiten oder Leiden bei Mensch oder Tier beziehen. Die Werbung für andere Mittel, Verfahren, Behandlungen oder Gegenstände außerhalb der Fachkreise darf sich nicht auf die Erkennung, Beseitigung oder Linderung dieser Krankheiten oder Leiden beziehen." § 12 bezieht sich also nur auf die Werbung außerhalb der Fachkreise (siehe Kapitel 4.4). Sie betrifft die Werbung für Verfahren und Behandlungen, die sich auf Erkennung, Beseitigung oder Linderung bestimmter Krankheiten bezieht, die in einer Anlage dem Gesetz beigefügt ist (siehe Kapitel 4.5.2 am Ende). Der Verbotstatbestand des § 12 HWG gilt jedoch nicht für Werbung für Verfahren oder Behandlungen in Heilbädern, Kurorten und Kuranstalten. Heilbäder, Kurorte oder Kuranstalten sind begrifflich nicht definiert. Anhaltspunkte könnten einer Ausarbeitung des Deutschen Fremdenverkehrsverbandes entnommen werden. Danach sind Heilbäder Orte mit natürlichen, wissenschaftlich anerkannten und durch Erfahrung bewährten Heilmitteln des Bodens (Heilwasser, Solen, Peloide) mit überprüftem Lage- und Witterungsklima, mit entsprechenden Kureinrichtungen (Trink-, Wandelhalle, Kurpark, Kurmittelhaus) und einem entsprechenden Kurcharakter (Badeärzte, kurgemäße Unterkunft und Verpflegung [Diät], Betreuung der Kurgäste, Feststellung und Bekanntgabe anerkannter Haupttheilanzeigen und Gegenanzeigen). Kuranstalten sind Einrichtungen mit Heilbadcharakter für spezielle Krankheiten, die unter ärztlicher Betreuung stehen müssen. Für eine Kuranstalt ist es wesentlich, daß in ihr vorwiegend Heilverfahren (Kuren) auf natürlicher Grundlage (Heilwässer, Meerwasser, Heilklima) angewandt werden. Die Behandlung in einer Kuranstalt dient der Vorbeugung von Krankheiten, der Nachsorge (Rehabilitation) und der Behandlung chronischer Erkrankungen. Sie erfolgt nach einem ärztlichen Plan und umfaßt eine Allgemeintherapie auf der Basis natürlicher Heilmittel, die durch Verfahren der physikalischen Medizin, Bewegungstherapie, Diät, etc. oder auch durch medikamentöse Behandlung ergänzt werden kann. Charakteristisch ist ferner die längere Behandlungsdauer von mehreren Wochen sowie die Tatsache, daß die Kur meist mit einem Orts- und Milieuwechsel verbunden ist (so Doepner, § 12, Zipfel, § 12, Kleist Albrecht Hoffmann,
In Kurorten/Heilbädern/Kuranstalten ist diese Werbung effizienter.	
Die wichtigsten Kriterien für Kurorte/Heilbäder/Kuranstalten.	

§ 12 Anmerkung 27). Der Bundesgerichtshof ergänzt, daß eine Kuranstalt eine Bezeichnung für Häuser ist, die – meist in landschaftlich reizvoller Umgebung – zur Rehabilitation und Prävention dienender Behandlungen aufgesucht werden. Die Auffassung des Bayerischen Obersten Landesgerichts (Urteil vom 20.12.1977, ES-HWG § 11 Nr. 4) ist gleichbedeutend. In diesen privilegierten Bereichen kann also zulässigerweise mit Verfahren und Behandlungen geworben werden, die sich auf Erkennung, Beseitigung oder Linderung von Krankheiten oder Leiden beziehen, die in der Anlage zu § 12 HWG aufgeführt sind (siehe Kapitel 4.5.2. am Ende). Das Verbot jeglicher krankheitsbezogener Werbung gilt hier nicht. Es wäre also erlaubt, mit einem natürlichen Heilwasser zur Behandlung einer Nierenerkrankung zu werben.

In Orten, für welche der vorgenannte Ausnahmetatbestand nicht gilt, die also nicht Heilbäder, Kurorte und Kuranstalten sind, darf für Verfahren oder Behandlungen, die sich auf die Erkennung, Beseitung oder Linderung von Krankheiten oder Leiden beziehen, außerhalb der Fachkreise nicht geworben werden. Durch Postwurfsendungen und Briefkastenwerbung wird außerhalb der Fachkreise geworben, da der Werbeabsender keinen Einfluß darauf hat, wen seine Werbung erreicht. Dieser gesamte Abschnitt muß also aus der Postwurfsendung bzw. der Briefkastenwerbung herausgehalten werden, wenn nicht der Verbotstatbestand von § 12 HWG mit der Folge eines bis zu DM 50.000,– drohenden Bußgeldes erfüllt sein soll.

Briefkastenwerbung und Postwurfsendung sind Publikumswerbung ...

Der Werbende muß allerdings darauf achten, daß er mit seiner Postwurfsendung auch keine anderen Verbotstatbestände verwirklicht. Er darf sich selbst nicht in Berufskleidung oder in seiner Praxis bei der Berufsausübung ablichten und darstellen lassen. Er darf nicht mit Gutachten oder Dankschreiben werben. Im Prinzip bleibt ihm letztlich nicht viel anderes als der Hinweis auf seine Praxis, seine Praxisöffnungszeiten, die von ihm abgegebenen Leistungen und die Mitteilung seiner Erreichbarkeit und etwaig vorhandener Parkplätze.

... die zahlreichen Bestimmungen des HWG hierfür sind zu beachten.

Beispiele für Werbeverbote (außerhalb von Heilbädern, Kurorten und Kuranstalten)

... *„bewährt auch bei Erkältung und Grippe", weil der Bundesgerichtshof mit Urteil vom 03.07.1981 (BGHZ 81,130) entschieden hat, daß eine echte Virusgrippe (Influenza) als eine nach dem Bundesseuchengesetz der Anlage A I zu § 12 HWG vermerkte Krankheit anzusehen ist.*

... *„THX und H 3 Procain" in einer Postwurfsendung verstößt gegen § 12 HWG, da die Anwendungsgebiete Erkrankungen des Herzens und der Leber sind.*

... *„bei Nervenschmerzen ..." verstößt gegen § 12 HWG, da Neuralgie zwar selbst keine organische Krankheit des Nervensystems ist, aber ein Symptom für eine solche Krankheit sein kann.*

Die Werbung des Heilpraktikers „Regenerationskuren, Thymus-Kuren, H 3-Procain-Kuren" verstößt gegen § 12 HWG, da organische Erkrankungen des Herzens und der Gefäße angesprochen sind.

Die Werbung eines Sanatoriums für „die uneingeschränkte Behandlung von Durchblutungsstörungen" verstößt gegen § 12 HWG. Durchblutungsstörungen sind u. U. eine organische Erkrankung des Herzens und der Gefäße.
Gicht und Fettsucht sind Stoffwechselkrankheiten im Sinne von § 12 HWG. Die Indikation Nervenschmerzen umfaßt nicht nur die harmlosen Neuralgien, sondern auch die Neuritiden; Nervenschmerzen sind Symptome bei einer Phänomena, folglich eine organische Krankheit im Sinne von § 12 HWG.

Depressionen sind in ihrer endogenen Form Psychosen und damit Geisteskrankheiten im Sinne von § 12 HWG.

Nachfolgende Indikationen eines in einer Großstadt angesiedelten medizinischen Instituts sind nach § 12 HWG verboten:
- *Krebs,*
- *Stoffwechselstörungen,*
- *Gicht,*
- *Parkinson,*
- *Herzinfarkt,*
- *chronische Herzmuskelschwäche,*
- *Durchblutungsstörungen,*
- *Kreislaufstörungen,*
- *Arteriosklerose,*
- *Schlaganfall,*
- *Leberschäden,*
- *Nierenschäden*

Publikumswerbung einer nicht als Kuranstalt einzustufenden med. Einrichtung verstößt gegen § 12 HWG bei den Indikationen:
- *Übergewicht oder Fettsucht,*
- *Unterfunktion der Schilddrüsen,*
- *Alkoholmißbrauch,*
- *offene Beine*

Ischias und Migräne sind Krankheiten des Nervensystems, jedoch keine organischen. Das Bundesgesundheitsministerium veröffentlichte am 26.10.1965: „Migräne ist keine organische Krankheit des Nervensystems, sondern die schmerzhafte Folge einer funktionellen Gefäßstörung in Gestalt einer atonischen Erweiterung kleiner Arterien in bestimmten Gebieten der Hirnhaut." Das Landgericht Fürth (Urteil vom 29.11.1978, ES-HWG § 12 Nr. 21) stellte bzgl. Ischias fest, daß es sich um eine Neuralgie des Nervus ischiadicus handelt. Neuralgie ist nur ein symptomatischer Begriff, da er nichts über die Ursache des Schmerzes aussagt. Neuralgien beruhen im allgemeinen nicht auf organischer Erkrankung eines Nervs.
Damit sind Migräne und Ischias keine Krankheiten im Sinne von § 12 HWG.

7.3.2 Prospektwerbung

Prospektwerbung geht meistens von größeren Betrieben aus.

Mit Prospekten wird im Sprachgebrauch des sog. Belästigungsverkehrs für Einrichtungen geworben, die für die Aufnahme von Heilungssuchenden mit kurativen und rehabilitativen Maßnahmen werben. Für diese Werbung gilt zunächst das im vorhergehenden Abschnitt Gesagte in voller Übereinstimmung. Falls sich die werbende Einrichtung in einem Kurort befindet, ein Heilbad oder eine Kuranstalt ist, so ist die Publikumswerbung (siehe Kapitel 4.4) für Verfahren und Behandlung, die sich auf die Erkennung, Beseitigung oder Linderung von Krankheiten bezieht, die als Anhang zu § 12 HWG (siehe Kapitel 4.5.2) genannt sind, uneingeschränkt zulässig. Werben Praxisinhaber für ihre Leistungen außerhalb von Kurorten, Heilbädern oder Kuranstalten und benennen sie zusätzlich Krankheiten, so ist diese Art von Werbung unzulässig und wird von § 15 HWG mit Geldbußen bis zu DM 50.000,– bedroht, jedoch nur, wenn die erwähnten Krankheiten eine Krankheit im Sinne des Anhangs von § 12 HWG sind (siehe Kapitel 7.3.1). Das gilt auch für jede noch so wissenschaftlich aufgemachte Prospektwerbung, in welcher die im Anhang zu § 12 genannten Krankheiten angesprochen werden und die etwas über die Erkennung und Behandlung dieser Krankheiten aussagt. Die Prospektwerbung vermittelt den Werbeadressaten meist auch einen bildlichen Eindruck von der werbenden Einrichtung und ihren Möglichkeiten. Hierbei ist der Werbeträger leicht versucht, Personen der med. Fachberufe in Berufskleidung oder bei der Ausübung ihres Berufes nachzustellen, um einen möglichst lebhaften Eindruck über die Tätigkeiten am Ort des Geschehens zu vermitteln. Auch dies sind Verstöße gegen das Heilmittelwerbegesetz (§ 11 Ziffer 4, siehe Kapitel 4.5.2).

In Kurorten/Heilbädern/Kuranstalten ist sie grundsätzlich zulässig.

... außerhalb dieser Orte ist § 12 HWG zu beachten ...

... Zuwiderhandlungen können hohe Bußgelder auslösen.

7.3.3 Werbebriefe

Werbebriefe sind an einen bestimmten Adressaten gerichtete Postsendungen, die Werbemaßnahmen ent-

Wir stellen uns vor!

Praxis für Physiotherapie
F. Mustermann
ABC-Straße 1
70000 Musterhausen

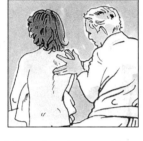

Wenn Sie ein Figurproblem und nicht so sehr ein Gewichtsproblem haben, bieten wir Ihnen:

Die manuelle **XY-Methode**

Bei der XY-Methode werden die natürlichen Stoffwechselvorgänge, deren Unterbrechung als Hauptursache für die **Cellulitis** angesehen werden muß, wieder hergestellt.

Die unnatürliche Vergrößerung der Fettzellen im entsprechenden Bereich durch Einlagerung von Wasser und Toxinen führt zu einer Verengung der feinen Kapillaren und Lymphgänge, die für den normalen Abtransport verantwortlich sind. Durch diesen schlechten Abtransport verengen sich diese Gefäße immer mehr, bis im Extremfall keine Versorgung mehr stattfindet.

Genau da setzt die **XY-Methode** an, indem das Gewebe ausgemolken und ausgequetscht wird, die Zellflüssigkeit in die Lymphbahnen gepreßt wird, und nach etwa 10 Behandlungen wieder ein regulärer Stoffwechsel stattfindet.

Unterstützt wird dies durch die Produkte namhafter Kosmetikfirmen, die zehrend, pflegend und straffend wirken.

Wir garantieren mit dieser Methode eine Reduzierung des Umfangs an Oberschenkeln, Hüfte und Bauch um mindestens zehn Prozent.

Damit Sie sich auch langfristig die von Ihnen erwünschte Idealfigur erhalten können, weisen wir Sie in gezieltes Körpertraining ein und geben Ihnen Ernährungshinweise.

verboten!

Wir stellen uns vor!

Praxis für Physiotherapie
F. Mustermann
ABC-Straße 1
70000 Musterhausen

»KRANKENGYMNASTIK IM XY-HAUS« heißt eine neu eröffnete Praxis, die neben krankengymnastischen Ganzbehandlungen auch Fango, Massagen sowie Sportphysiotherapie, Extensionen und Elektrotherapie anbietet. Die Krankengymnastin und Sportphysiotherapeutin Maria Musterfrau wird als Geschäftsführerin zusammen mit zwei Mitarbeiterinnen die im zweiten Obergeschoß des XY-Hauses liegende Praxis leiten, während Mustermann als Gesellschafterin zur Seite stehen wird. Mit der Einweihung der Praxisräume wurden die letzten leerstehenden Geschäftsräume in dem Komplex besetzt. Zahlreiche Vertreter von Firmen, Geschäftspartnern und von Musterdorfer Sportvereinen übermittelten der Geschäftsführung beste Glückwünsche, nachdem Stadtpfarrer Hans Muster die Räume gesegnet hatte.

erlaubt

halten und als Briefkastenwerbung/Postwurfsendung oder als Prospektwerbung gestaltet sein können. Die Besonderheit liegt darin, daß sie nicht mehr einer unbekannten Vielzahl von Adressaten zugehen, sondern daß der Adressat gewillkürt ausgewählt ist, weil der Absender den Adressaten als Mitglied einer bestimmten Zielgruppe ausgemacht hat und ihn ansprechen möchte. Es handelt sich um Werbemaßnahmen für bestimmte Einrichtungen, in denen Heilbehandlungsmaßnahmen angeboten werden und für die letztendlich das Gleiche gilt, was für die Briefkastenwerbung/Postwurfsendung und die Prospektwerbung bereits in den beiden vorstehenden Absätzen ausgeführt ist. Sie sind grundsätzlich zulässig. Die einschlägigen Vorschriften des HWG sind zu beachten.

Werbebriefe sind grundsätzlich zulässig.

7.3.4 Faltblätter / Handzettel

Faltblätter und Handzettel sind als Werbeträger für die angesprochenen Leserkreise zulässig, da es keine Vorschrift gibt, die ihre Verwendung untersagen würde. Faltblätter und Handzettel werden in den meisten Fällen an fußgängerreichen Stellen Passanten in die Hand gedrückt oder bei Informationsübergaben (Fremdenverkehrsämter, Kurämter etc.) anderen Prospekten und Werbebroschüren beigefügt.

Faltblätter/Handzettel sind grundsätzlich zulässig.

Auch für diese Form des Werbeträgers gilt das in den Kapiteln 7.3.1 und 7.3.2 Gesagte. Es muß darauf geachtet werden, daß kein Tatbestand verwirklicht wird, der aufgrund gesetzlicher Maßnahmen oder zulässiger vertraglicher Werbeverbote gegen werbebehindernde Bestimmungen verstößt.

7.3.5 Hotelprospekte

In zunehmendem Maße richten Hotels physikalisch-therapeutische Abteilungen ein und bieten ihren Gästen außer dem üblichen Hotelservice auch die Möglichkeit

Hotelprospekte dürfen grundsätzlich auf eine physiotherapeutische Einrichtung aufmerksam machen.

des Besuchs und der Inanspruchnahme dieser Abteilungen. Wie früher für die hauseigene Kegelbahn und heute die dem Haus angeschlossene Driving-Range, wird natürlich von dem Hotelunternehmen auch für die eingerichtete physikalisch-therapeutische Abteilung Werbung gemacht. Dies ist auch zulässig und nicht zu beanstanden. Warum soll das Hotel diese letztlich der Gesundheitsfürsorge dienende Einrichtung nicht ebenso anpreisen wie eine lediglich dem Freizeitgenuß dienende Golfanlage? Es muß jedoch darauf geachtet werden, daß hierbei kein Verbotstatbestand erfüllt wird, der bei mangelnder Sachkenntnis leicht, und wenn man die im Umlauf befindlichen Hotelprospekte hierauf hin untersucht, auch überall vorzufinden ist.

Mitglieder der hoteleigenen Therapieeinrichtung dürfen nicht in der Berufskleidung oder bei ihrer beruflichen Betätigung bildlich dargestellt werden. Dies darf auch nicht in verfremdeter Form oder durch Personen geschehen, die selbst gar nicht Mitglied der Heilberufe sind, z. B. Schauspieler. Selbst bei der Darstellung von Symbolen, wie solche bei olympischen Zeichen üblich sind, könnte ein Verstoß nach § 11 Ziffer 4 HWG noch gesehen sein, wenn diese Symbole Tätigkeiten verrichten, die mit der Tätigkeit von Therapeuten oder Heilpraktikern identisch sein können. Eine Abbildung im Straßenanzug schadet hingegen nicht, selbst wenn die Aufnahme in der hoteleigenen physikalisch-therapeutischen Abteilung aufgenommen wurde.

Das Hotel darf auch nicht mit Gutachten, Dankschreiben oder sonstigen Äußerungen Dritter werben, etwa durch den bekannten Sportler, der beherbergt wurde und im Anschluß an seine therapeutische Behandlung der Hotelleitung seinen Dank ausspricht. Mit der Werbung für Behandlungen oder Gegenstände, die dem Erkennen und Behandeln bei bestimmten Krankheiten dienen, wird ein Hotel in selteneren Fällen werben, weil diese mit dem eigentlichen Beherbergungszweck des Hotels weniger in Einklang zu bringen ist.

7.3.6 Zeitungs- und Zeitschriftenbeilagen

Für Zeitungs- und Zeitschriftenbeilagen gilt prinzipiell Gleiches wie für die Briefkastenwerbung/Postwurfsendung und die Prospektwerbung. Es handelt sich nur um eine andere Art der Werbungs- bzw. Informationsübermittlung. Insoweit kann auf die Kapitel 7.3.1 und 7.3.2 verwiesen werden.

7.3.7 Hauszeitschriften

Werbung in Hauszeitschriften ist nach § 11 Nr. 9 HWG unzulässig. Als Hauszeitschriften können entgegen des Gesetzeswortlautes (vgl. Kapitel 4.5.2) Druckschriften mit Zeitschriften-Charakter bezeichnet werden, in denen für die Waren oder Leistungen eines bestimmten Hauses Werbung betrieben wird. Die Bezeichnung Hauszeitschrift kennzeichnet also nicht die Bestimmung der Zeitschrift, im Haushalt gelesen zu werden, sondern weist nach dem ursprünglichen Wortsinn auf die Herkunft der Zeitschrift aus dem Hause des Unternehmens hin, das sich ihrer zu Werbezwecken bedient (vgl. Bayer. Oberstes Landesgericht, SR VIII, S. 247). Dadurch unterscheiden sich diese Zeitschriften von den allgemeinen Zeitschriften, die in einem vom Werbenden grundsätzlich wirtschaftlich unabhängigen Verlag erscheinen.

Hauszeitschriften sind grundsätzlich nicht zulässig.

Dieser Fall einer Werbung ist jedoch auch im Bereich der medizinischen Berufe und Heilpraktiker nicht so interessant, da sich die wenigsten Massagepraxen bzw. Praxen der physikalischen Therapie die Mühe machen, eine eigene „Hauszeitschrift" herauszugeben.

Der Grund für das Verbot einer solchen Hauszeitschrift ist, daß die Werbewirkung der Hauszeitschriften deshalb besonders intensiv ist, weil die Werbung unter dem Schein der Objektivität betrieben wird (vgl. BGH GRUR 1963, S. 536).

Hauszeitschriften enthalten nur Werbung für eigene Leistungen.

Es wird seitens der Leser hierbei nicht erkannt, daß es sich um eine Zeitschrift handelt, die von dem Unternehmen selbst herausgegeben wird, das sozusagen für sich selbst wirbt. Durch diese scheinbare Neutralität des redaktionellen Teils der Hauszeitschriften sind die angesprochenen Verbraucherkreise einer besonderen Irreführungsgefahr ausgesetzt, die ein umso größeres Gewicht erhält, als erkrankte Personen im besonderen Maße dazu neigen, Äußerungen scheinbar neutraler Stellen Glauben zu schenken (vgl. BGH GRUR 1963, S. 536).

Zeitschriften, in denen nicht nur für die Produkte eines bestimmten Anbieters, sondern auch für Konkurrenzprodukte Werbung betrieben wird, sind keine Hauszeitschriften (siehe OLG Frankfurt in SRH VIII S. 246).

Abgrenzung Hauszeitschrift/ Werbeschrift

Der Zeitschriften-Charakter einer Hauszeitschrift ergibt sich regelmäßig daraus, daß u. U. neben der reinen Werbung Beiträge belehrenden und unterhaltenden Charakters abgedruckt werden (vgl. Bayer. Oberstes Landesgericht, SRH VIII, S. 248 ff.). Dadurch unterscheiden sich Hauszeitschriften von Werbeschriften (Prospekten), die sich dem Inhalt nach auf die Werbung beschränken oder dieser zumindest weitaus überwiegenden Raum zuweisen (vgl. Bayer. Oberstes Landesgericht, a. a. O.).

Unerheblich ist es hierbei für den Begriff der Hauszeitschriften, ob sie nur einmal erscheinen oder mehrmals herausgegeben werden. Auch spielt eine etwaige Entgeltlichkeit keine Rolle.

7.3.8 Werbung gegenüber Kindern und Jugendlichen

Werbung an Kindern als Adressat ist unzulässig.

Ein Verstoß gegen § 11 Nr. 12 (siehe Kapitel 4.5.2) liegt vor, wenn Kinder oder Jugendliche die ausschließliche oder überwiegende Zielgruppe der Werbemaßnahme sind. „Auf die Absicht des Werbenden kommt es nicht an" (vgl. Doepner, Heilmittelwerbegesetz, § 11 Nr. 12,

Rdnr 7), entscheidend ist die objektiv feststellbare Zielgruppenrichtung.

Dies ist beispielsweise der Fall bei einer Werbung für Heilmittel in typischen Kinderheftchen, in Schülerzeitungen, auf dem Spielplatz oder dem Schulhof. Im übrigen richtet sich die Auslegung nach den Umständen des Einzelfalles, wobei für die Zielrichtung der Werbung ihre textliche und bildliche Ausgestaltung sowie Werbemittel und Form maßgebend sind (vgl. Landgericht Köln in SRH X S. 292 ff.).

Nachdem im Bereich der medizinischen Fachberufe und der Heilpraktiker sich die Werbung jedoch in den seltensten Fällen an Kinder richtet und die Maßnahmen zum einen durch die Ärzte verordnet werden müssen, die die Kinder auch in Begleitung der Eltern besuchen, ist dieser Fall für die Werbung im Bereich der medizinischen Fachberufe und der Heilpraktiker weniger relevant.

7.3.9 Grenzen der Prospektwerbung

Hat ein Werbeadressat den Werbenden aufgefordert, seine Werbung ihm gegenüber einzustellen, so ist der Werbende an diese Aufforderung gebunden, andererseits kann eine Besitzverletzung oder Verletzung des allgemeinen Persönlichkeitsrechts vorliegen, gegen die der Verletzte gegenüber dem Werbenden einen Unterlassungsanspruch hat.

Der Werbeadressat kann die Einstellung der Werbung fordern.

Es reicht bereits eine Erklärung am Briefkasten, mit welcher der Werbende aufgefordert wird, keine Werbesendungen und Prospekte einzuwerfen. In diesem Falle ist es nach obergerichtlicher Rechtsprechung zwar noch zulässig, Zeitungen und Zeitschriften mit einem redaktionellen Teil einzuwerfen, auch wenn diesen Zeitungen oder Zeitschriften Anzeigenblätter beigefügt sind. Erklärt der Werbungsadressat jedoch, auch keine Zeitschriften und Zeitungen, die er nicht bestellt hat, zu wünschen, so ist hier jegliche Werbungszustellung untersagt.

7.4 Werbung durch Sportvereine oder andere Gruppen

Personengruppen haben aus unterschiedlichen Anlässen oft gleiche Kleidungsstücke an. Nachdem man versucht ist, jede freie Fläche als Werbefläche anzubieten, findet man Werbung häufig auf Bekleidungsgegenständen; große Sportvereine beziehen hieraus erhebliche Nebeneinnahmen.

7.4.1 Trikotwerbung

Trikotwerbung ist grundsätzlich zulässig.

Zur sportlichen Mannschaft gehört der Masseur/Physiotherapeut fast ebenso wie der Trainer. Bei Prellungen und Zerrungen hat er für schnelle Abhilfe der krankhaften Beschwerden zu sorgen. Verletzungen dieser Art kommen bei großen, über die Landesgrenzen bekannten Vereinen ebenso vor, wie bei Mannschaften in der Kreisklasse. Die unbekannten Mannschaften können sich einen bezahlten Therapeuten nicht leisten. Daher kommt das gar nicht so seltene Angebot von Sportvereinen gegenüber ihren Therapeuten, Werbung für diesen zu betreiben. Oft wird angeboten, daß die Praxis oder die Praxisanschrift auf dem Sportlertrikot aufgedruckt wird. Dies ist keineswegs verboten. Es gibt keine Norm, die Trikotwerbung untersagen würde. Der auf diese Art werbende Therapeut sollte lediglich darauf achten, daß keine Hinweise auf die gesetzlichen Krankenkassen oder andere unzulässige Hinweise ebenfalls abgedruckt werden, mit anderen Worten, daß das HWG beachtet wird.

7.4.2 Textilwerbung

Der Name des Praxisinhabers, seine Praxisbezeichnung, seine Praxisanschrift und oft sogar die in seiner Praxis angebotenen Leistungen sind Werbeinhalte auf Textil- und Kleidungsstücken. Auf Handtüchern, Leintüchern

aber auch auf Berufskitteln sind solche Werbehinweise verschiedentlich zu sehen. Dies ist ebenfalls zulässig, gleichgültig, ob diese Wäsche bzw. Kleidungsstücke nur in der betreffenden Praxis selbst genutzt oder getragen werden oder auch außerhalb der Praxis. Sie können sogar mit der entsprechenden Beschriftung zum Verkauf angeboten und versendet werden. Hier gilt im übrigen das im vorigen Abschnitt Gesagte. Der Werbende sollte die zulässige Werbung nicht gefährden durch die Verwendung oder den Gebrauch verbotener Werbemaßnahmen, so z. B. durch die Abbildung von Symbolen von Personen der med. Fachberufe bei der Berufsausübung.

Textilwerbung ist grundsätzlich zulässig.

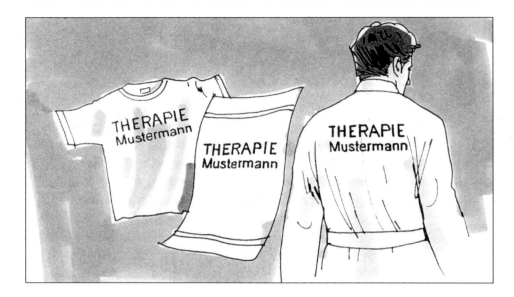

7.4.3 Bandenwerbung

Bandenwerbung ist grundsätzlich zulässig.

Es wird sicherlich nicht im Interesse vieler Therapeuten und Heilpraktiker liegen, auf den Banden bei großen Sportveranstaltungen, möglicherweise solcher, die durch das Fernsehen übertragen werden, zu werben. Bei dem Autor wurde jedoch verschiedentlich nachgefragt, ob diese Werbung denn nicht doch für die med. Fachberufe und Heilpraktiker zu wuchtig sei. Aus berufsrechtlichen Gründen ist dies nicht der Fall, weil eine Verbotsnorm nicht existiert. Bei einer solch auffallenden Werbung ist es jedoch besonders geboten, die Werbung frei von begleitenden Verbotstatbeständen zu halten.

7.4.4 Mannschaftsabbildungen

Nach dem erfolgreichen Abschluß einer Saison oder auch aus anderen Anlässen lassen sich die Mannschaften von Sportvereinen oft abbilden. Auf solchen Bildern sind nicht nur die Akteure, sondern auch die Betreuer

Therapeut XY in Sportkleidung

Therapeut XY in Berufskleidung

am Bildrand abgebildet; auch der Masseur in Spielerkleidung. Dies begegnet keinen rechtlichen Bedenken, weil trotz der beruflichen Betätigung das Sportlertrikot keine Berufskleidung im Sinne von § 11 Ziffer 4 (siehe Kapitel 4.5.2) darstellt.

Abbildung des Therapeuten im Sportdress ist zulässig.

7.5 Zeitungswerbung

Zeitungs- und Zeitschriftenwerbung ist die häufigste Form von Werbung durch Mitglieder der medizinischen Fachberufe.

7.5.1 Informationsanzeigen

Informationsanzeigen sind nicht nur grundsätzlich zulässig, sondern dürften im Interesse der angesprochenen Patienten auch nützlich sein. Selbst Ärzte dürfen nach geltendem Standesrecht in Zeitungen bei längerer Abwesenheit von der Praxis oder Krankheit sowie bei Verlegen der Praxis und bei Änderung der Sprechstundenzeit oder der Fernsprechnummer Zeitungsanzeigen schalten. Bei Ärzten ist vorgegeben, daß eine zweimalige Veröffentlichung zulässig ist. Dies gilt nicht für die med. Fachberufe und Heilpraktiker. Sie können aus jedem Anlaß in einer unbeschränkten Anzahl von Fällen Zeitungsinformationen oder Informationen in Zeitschriften drucken und veröffentlichen lassen.

Informationsanzeigen sind nützlich.

Bei dem Begriff Information steht die Sachmitteilung von Ereignissen im Ablauf der Praxis des Werbenden im Vordergrund. Sie unterscheidet sich dadurch von der Werbung, die nur auf die Praxis aufmerksam machen will und den Patientenstand zu erhalten oder zu vergrößern bemüht ist.

Es begegnet keinen rechtlichen Bedenken, wenn der Werbende Hinweise auf seine Öffnungszeiten gibt, die

ler Grünwalder Brücke und einer damit in Verbin-
oßen Südumgehung diskutierte die Pullacher SPD
io Helmerich, Christine Kammermeier (Bürgermei-
nn), Dietrich Heyne (Landratskandidat).   Foto: rem

würde der Verkehr südlich um Grünwald herum geleitet werden. Helmerich erklärte hierzu: „Es ist ein Irrtum
zu meinen, die Straßenverbindung
zwischen Pullach und Grünwald über
die Grünwalder Brücke könnte durch
eine solche Südumgehung ersetzt
werden." Auch das Straßenbauamt
macht in einer Stellungnahme deutlich, daß durch den Bau einer Um-
fahrung der Isarübergang an der bestehenden Stelle nicht entbehrlich
werde. Sorgenvoll sieht die SPD einen „Staubsaugereffekt", der sich
durch einen Anschluß der Südumgehung an die Bundesstraße 11 erge-
be. „Die B11 würde eine Verbindung
des Südens der Landeshauptstadt
mit der Südumgehung darstellen. Sie
müßte dann wesentlich mehr Verkehr
aufnehmen. Die Verkehrsbelastung in
unseren Gemeinden würde steigen!"
meinte Helmerich.

Ich, Marlene!
Wir verlosen Karten.

Marlene Dietrich, geboren 1901
in Berlin, gestorben 1992 in Pa-
ris. Schauspielerin, Sängerin
und Tänzerin in zahlreichen Re-
vuen der Berliner Bühnen der
20er Jahre. Hauptdarstellerin in
einem der ersten in Deutschland
gedrehten Tonfilme „Der blaue
Engel". Deutscher Exportartikel
in die amerikanische Filmbran-
che – das alles und vieles mehr
ist der Stoff des Musicals „Ich
Marlene", das zur Zeit in der
Komödie im Bayerischen Hof,
Promenadeplatz 6, läuft. Wir ver-
losen 5 x 2 Karten für die Vorstellung am 19. Oktober um 20
Uhr. Wer gewinnen will, schickt
bis zum 17. Oktober eine Karte,
Stichwort „Marlene", ans Mün-
chner Wochenblatt, Postfach
33 06 69, 80066 München. Wichtig: Telefonnummer nicht verges-
sen! Der Rechtsweg ist ausgeschlossen.

laus Deneke blickt
ser in die Sterne

zu den bekanntesten Astrologen Münchens.   Foto: rem

astrologisch   hat sich Deneke einen besonderen
nnen und Le-   Ruf als Astrologe erarbeitet, der
ion durch-   nicht nur genaue Geburtshorosko-
1 Jahrzehnten pe erstellt, sondern sie auch fun-

diert und psychologisch exakt in-
terpretiert. So ist es kein Wunder,
daß Klaus Deneke unter Top-Ma-
nagern in ganz Deutschland als
Geheimtip gehandelt wird. Wir
sind deshalb besonders stolz, diesen Ausnahmeastrologen unseren
Lesern präsentieren zu können.

Und wie können Sie an der Telefonaktion teilnehmen? Am Freitag,
den 20. Oktober, zwischen 16 und
18 Uhr haben Sie die Möglichkeit,
mit Klaus Deneke einen Blick in
Ihre ganz persönliche Zukunft zu
wagen. Unter der Telefonnummer
0 89/5 70 03-2 90 erreichen Sie un-
ser Redaktionsteam, das Sie dann
an Klaus Deneke weiterverbindet.

Übrigens: Für diese Telefonaktion
benötigt Klaus Deneke von Ihnen
das Geburtsdatum mit der genau-
en Geburtszeit sowie den Ort ihrer
Geburt.

Heilpraktiker
H. Mustermann
ABC-Straße 1
70000 Beispiel
Tel.: 00 00/11 22 33 44

Öffnungszeiten:
Mo.-Fr. 8.00 - 20.00 Uhr
Samstag 9.30 - 15.30 Uhr

besonders aktuell!
cht-, Sicht- und
tzanlagen, auch Einzelanfertigung und Sondermaße
n, Landhausdielen in vielen Holzarten
mit dem besonderen Gehkomfort

NEU: Laminat-Böden in vielen Holz- und Steindekors
Handwebteppiche für den gehobenen Landhausstil in vielen Größen
Teppichböden,
Restrollen 4 u. 5 m breit, für den gesamten Wohn- und Geschäftsbereich
bis zu **50% reduziert**

tr. 75 (an der B13)
dem Auto von Sauerlach entfernt!!!   **Tel.: 0 80 24/75 18**

*Keine Beschränkungen hinsichtlich
der Zahl der Veröffentlichungen*

Die Information will etwas mitteilen, nicht nur auf die Praxis aufmerksam machen.

Erreichbarkeit mittels öffentlicher und privater Verkehrsmittel angibt, Angaben zu den von ihm angebotenen Leistungsspektrum macht und alle Praxisbesonderheiten, wie Urlaub, Änderung der Öffnungszeiten, Änderungen des Leistungsangebotes, veröffentlicht. Der Werbende sollte darauf achten, daß keine verbotenen Werbeelemente in die informative Werbung eindringen. Verbandszeichen sind nach den geltenden Warenzeichensatzungen meist nicht zum Zwecke der Werbung durch die Mitglieder der Berufsverbände freigegeben. Der Hinweis auf die Abrechnungsmöglichkeit durch die gesetzlichen Krankenkassen sollte zurückhaltend formuliert sein. Zusammenhänge zwischen Leistungen, die von den gesetzlichen Krankenkassen nicht gezahlt werden und einem Hinweis auf die gesetzlichen Krankenkassen sollten tunlichst unterbleiben (siehe im übrigen Kapitel 7.9). Abbildungen des Praxisinhabers oder seiner Mitarbeiter in Berufskleidung oder bei beruflicher Betätigung sollten gänzlich unterbleiben, da hierin ein Verstoß nach § 11 Ziffer 4 HWG gesehen wird. Das gilt selbst für den Fall, wo die Darstellung nur in symbolisierter Form von Strichmännchen erfolgt.

Mögliche Inhalte einer Zeitungs- oder Zeitschriftenanzeige:

- Öffnungszeiten
- Erreichbarkeit mit öffentlichen Verkehrsmitteln
- Leistungsspektrum oder Änderung des Leistungsangebotes
- Praxisbesonderheiten
- Urlaubszeiten

Informationsanzeigen durch Zeitungswerbungen, Zeitschriftenwerbungen sind im übrigen uneingeschränkt zulässig.

7.5.2 Inserate/Werbeanzeigen

Inserate und Werbeanzeigen sind der Oberbegriff für jede Zeitungs- und Zeitschriftenwerbung, die als Werbung erkennbar gestaltet wird. Hierzu gehören auch die Informationsanzeigen, die allerdings aufgrund ihrer besonderen eingeschränkten Werbeaussagen von den hier beschriebenen Werbemitteilungen getrennt behandelt wurden.

Derjenige, der in der Tageszeitung beispielsweise mit:

Praxis
Mustermann und Partner
ABC-Straße 1
80000 Beispiel
- Krankengymnasten -

Therapieangebot:
- Manuelle Lymphdrainage   - Rückenschule
- Präventives Bewegungstraining - Medizinische Bäder
- div. Massagetherapien   - Anti-Osteoporose-Tr.

---

wirbt oder eine Anzeige folgenden Inhaltes schaltet:

M. Musterfrau
Heilpraktikerin
Musterstraße 2
70000 ABC-Stadt

Praxis für Naturheilkunde

Es gibt keine Verbotsnorm für Inserate und Werbeanzeigen.

begeht keinen Gesetzesverstoß. Solche Werbung ist zulässig. Ärzten wäre sie verboten; nicht verboten ist sie für die hier angesprochenen Leserkreise, weil eine entsprechende Verbotsnorm fehlt. Das Fehlen einer Verbotsnorm besagt nicht, daß die Werbung erwünscht oder gar erforderlich ist. Der Gesetzgeber hat einer solchen Form der Werbung lediglich keine Aufmerksamkeit geschenkt und deshalb keine Regelung getroffen.
Der Werbende ist frei in seinen Gestaltungsmöglichkeiten. Ob Großbuchstaben oder Kleinbuchstaben für den einen Textteil oder einen anderen gewählt werden, ist ebenso in seinen Gestaltungswunsch gestellt, wie die Größe der Anzeige. Es gibt keine wie im ärztlichen Standesrecht verbindliche Norm, die die Größe der Anzeigen an die Größe von Anzeigen, die in vergleichbaren Fällen geschaltet werden, anbindet.

Auch Anzeigen ohne Information sind zulässig ...

Die Anzeige braucht auch keinen informierenden Inhalt zu haben. Sie kann dem Werbeadressaten lediglich signalisieren, daß es die genannte Praxis gibt. Bei solchen Anzeigen ist der Informationsgehalt gering und geht gegen Null. Dies ändert nichts an der rechtlichen Zulässigkeit.

... fraglich ist, ob sie nützen.

Die Verbotstatbestände des HWG und vertragliche Werbebeschränkungen sind zu beachten.

Der Anzeigenbesteller muß jedoch darauf achten, daß er in die Anzeige keine verbotenen Mitteilungen einbaut. Verbandszeichen einer Berufsorganisation sind im Zweifel nach einer geltenden Verbandszeichensatzung nicht dazu bestimmt, einem Mitglied der med. Fachberufe oder Heilpraktiker bei der Werbung Hilfe zu leisten. Abbildungen von Mitgliedern der Heilberufe oder von Personen, die sich so kleiden oder so verhalten, als wären sie Mitglieder, verstoßen gegen § 11 Ziffer 4 HWG, ebenso Anzeigen solcher Personen bei der Ausübung ihrer beruflichen Tätigkeit. Die bildlichen Darstellungen brauchen nicht einmal eine Person erkennen zu lassen, auch die bei olympischen Spielen als Symbolfiguren verwendeten Strichmännchen erfüllen bereits den gesetzlichen Verbotstatbestand. Der Hinweis auf die Leistungspflicht der gesetzlichen Krankenkassen darf nicht in solcher Form erscheinen, die gegen Kapitel 5 verstößt. Dies gilt jedoch nur für die Personen, die einem Versorgungsvertrag § 125 in Verbindung mit

nicht erlaubt!   *nicht erlaubt!*   *Die Verwendung von Verbandszeichen muß in jedem Fall mit dem jeweiligen Verband abgesprochen werden.*

§ 124 II SGB V beigetreten sind, in welchem die Werbung für die Leistungen der gesetzlichen Krankenkassen vertraglich ausgeschlossen ist (siehe Kapitel 5.2). Die Werbung darf auch keine Gutachten, Fachveröffentlichungen, Wiedergabe von Krankengeschichten, fremd- und fachsprachliche Bezeichnungen enthalten. Sie darf nicht dazu anleiten, Krankheiten selbst zu erkennen oder versuchen zu heilen. Sie darf keine irreführenden Aussagen enthalten.

7.5.3 Fachliche Veröffentlichung

Wissenschaftliche Ausführungen in Aufsätzen oder auch in Anzeigen sind grundsätzlich keine Werbung, es sei denn, daß in der Berichterstattung unverkennbar ein zusätzlicher Werbeeffekt eingebaut ist. Selbst populärwissenschaftliche Darstellungen in Zeitungen und Zeitschriften, Büchern und Broschüren sind keine Werbung. Wenn jedoch bestimmte Mittel und Verfahren Erwähnung finden oder der Name eines Leistungsanbieters erkennbar zu Werbezwecken genannt oder gar hervorgehoben wird, handelt es sich um Werbung, die

Fachliche Veröffentlichungen sind keine Werbung.

nach den üblichen Grundsätzen von Zulässigkeit und Unzulässigkeit zu beurteilen ist.

7.5.4 Redaktionelle Berichterstattung

Redaktionelle Berichterstattung ist grundsätzlich zulässig ...

Die Tätigkeit eines Therapeuten oder Heilpraktikers kann ebenso wie die Tätigkeit eines Gewerbetreibenden das Interesse eines Redakteurs oder Berichterstatters wecken. Findet sich ein Journalist in der Praxis eines solchen Berufsträgers ein, dann ist keineswegs Grund zur Befürchtung einer unzulässigen Werbemaßnahme gegeben. Sofern der Journalist über Verfahren, Methoden oder die Person des Praxisinhabers und seine Mitarbeiter berichten möchte, so kann er dies ohne nachteilige Folgen für den Praxisinhaber tun. Der Praxisinhaber sollte bei solchen Anlässen daran denken, daß die Abbildung seiner Person oder seiner Mitarbeiter in Berufskleidung oder bei der Ausübung des Berufs nicht zulässig ist und einen Verstoß gegen § 11 Ziffer 4 HWG darstellt, der mit Bußgeldern bis zu DM 50.000,– bedroht ist. Diese Tatsache wird von vielen Praxisinhabern und von Journalisten nicht beachtet, weil die abgelichtete Person sich in dem den Text begleitenden Bild attraktiv und belebend darstellt. Wenn auch die bildliche Darstellung einer Praxis ohne Abbildung einer Person längst nicht so interessant ist, so sollte wegen der vorbeschriebenen möglichen Folgen auf eine andere Darstellung einer Ablichtung verzichtet werden. Zulässig ist hingegen, wenn der Praxisinhaber oder seine Mitarbeiter sich in normaler Straßenbekleidung ablichten lassen, aber auch so bekleidet ist es durch den Gesetzgeber untersagt, die Abbildung bei der Ausübung beruflicher Tätigkeiten veröffentlichen zu lassen (siehe im übrigen Kapitel 7.11). Falls eine unzulässige Abbildung dennoch veröffentlicht wird, so wird sich der Praxisinhaber nicht darauf herausreden können, daß er die bildliche Darstellung nicht beabsichtigt oder gar nicht gewünscht habe. Gerichte haben bereits entschieden, daß eine jede bildliche Ablichtung letztlich nicht ohne den Willen des Abgebildeten möglich ist, so daß alleine aus der Tatsa-

... die hierbei oft anzutreffende Abbildung des Praxisinhabers sollte im Zweifel unterbleiben ...

... allenfalls im Straßenanzug und ohne berufliche Betätigung.

PR-Information   MDD - GESUNDHEIT   22

Physiotherapie in ABC-Stadt –
Der heilsame Weg

Ein fröhliches »Hallo« begrüßt den, der mit Herzklopfen die Praxis von Maria Mustermann betritt. Doch weit gefehlt: In den hellen, freundlichen Räumen nimmt die herzliche Stimmung jede Hemmschwelle und Angst. Die Praxis für Physikalische Therapie von Maria Mustermann in ABC-Stadt (Musterstraße, nahe dem Stadtplatz) gleicht eher einem Kommunikationszentrum, denn einer medizinischen Einrichtung. Neueste wissenschaftliche Erkenntnisse im Zusammenspiel mit moderner Ausstattung für Physikalische Therapie in den Bereichen Orthopädie, Chirurgie, Traumatologie, Neurologie, Innere Medizin, Sportmedizin und Lymphologie verbindet sie mit langjähriger Erfahrung. Im Bestreben, dem Patienten zu einer gesunden, harmonischen Lebensweise zu verhelfen, behandelt sie nicht nur Symptome, sondern geht der Krankheit voll auf die Spur. Aufgrund von Beschwerde-, Schmerzanalyse und Funktionstests wird detailliert nach der primären Ursache der Krankheit geforscht. Daraus resultiert schließlich der Therapievorschlag, der im engen Zusammenwirken mit den Ärzten erfolgt.

Abbildung in Berufskleidung – verboten! (Gilt nicht für Fachkreise)

PR-Information   MDD - GESUNDHEIT   22

Physiotherapie in ABC-Stadt –
Der heilsame Weg

Ein fröhliches »Hallo« begrüßt den, der mit Herzklopfen die Praxis von Hans Mustermann betritt. Doch weit gefehlt: In den hellen, freundlichen Räumen nimmt die herzliche Stimmung jede Hemmschwelle und Angst. Die Praxis für Physikalische Therapie von Hans Mustermann in ABC-Stadt (Musterstraße, nahe dem Stadtplatz) gleicht eher einem Kommunikationszentrum, denn einer medizinischen Einrichtung. Neueste wissenschaftliche Erkenntnisse im Zusammenspiel mit moderner Ausstattung für Physikalische Therapie in den Bereichen Orthopädie, Chirurgie, Traumatologie, Neurologie, Innere Medizin, Sportmedizin und Lymphologie verbindet sie mit langjähriger Erfahrung. Im Bestreben, dem Patienten zu einer gesunden, harmonischen Lebensweise zu verhelfen, behandelt sie nicht nur Symptome, sondern geht der Krankheit voll auf die Spur. Aufgrund von Beschwerde-, Schmerzanalyse und Funktionstests wird detailliert nach der primären Ursache der Krankheit geforscht. Daraus resultiert schließlich der Therapievorschlag, der im engen Zusammenwirken mit den Ärzten erfolgt.

Abbildung in Zivilkleidung – erlaubt

che der Ablichtung eines Praxisinhabers oder -mitarbeiters in Berufskleidung oder bei der Ausübung des Berufs der Beweis geführt ist, daß diese Darstellung gewünscht oder zumindestens nicht untersagt war. Beides reicht für die Erfüllung des Verbotstatbestandes gemäß § 11 Ziffer 4 HWG (siehe im übrigen Kapitel 2). Das Verbot der Darstellung in Berufskleidung und bei der Ausübung der beruflichen Tätigkeit gilt nicht bei der Werbung innerhalb von Fachkreisen, also beispielsweise in Fachzeitschriften, die lediglich für Berufsmitglieder erreichbar werden.

7.5.5 Redaktionelle Anzeigen

Redaktionelle Anzeigen müssen als solche gekennzeichnet sein.

Redaktionelle Anzeigen sind entgeltliche Veröffentlichungen in Zeitungen und Zeitschriften. Der Charakter als Werbemitteilung tritt in den Hintergrund, weil die redaktionell gestaltete Anzeige sich auf den ersten Blick als ein ausschließlich von der Redaktion gewähltes Arbeitserzeugnis darstellt. Neben Abbildungen sind oft begleitende Texte gedruckt, in denen eine Praxis so beschrieben wird, als würde dies durch einen beobachtenden Journalisten geschehen. Solche Anzeigen (siehe im übrigen Kapitel 2.2, 2.3, 2.4) müssen als Anzeigen gekennzeichnet sein, weil anderenfalls ein Verstoß gegen die Bestimmungen des jeweiligen Landespressegesetzes vorliegt. Hierdurch wäre ein eigener Ordnungswidrigkeitstatbestand erfüllt. Wie redaktionelle Anzeigen werden auch redaktionelle Zugaben behandelt. Hierbei liegen redaktionelle Berichterstattungen zur Unterstützung einer bezahlten Anzeige vor. Redaktionelle Hinweise sind nur individuell zu beurteilende Unterstützungsmaßnahmen einer Zeitung oder Zeitschrift. Mit ihnen wird der Praxisinhaber oder die Praxis übermäßig herausgestellt und hiermit eine Werbemaßnahme kaschiert.

7.5.6 Tendenz zur Förderung von Werbemöglichkeiten

An anderer Stelle wurde bereits beschrieben, wie sich Rechtslehre und Rechtsprechung zu weiteren Werbemöglichkeiten hin öffnen. Dies geschieht nicht willkürlich oder nicht, weil es modernen Ansichten entspricht. Diese Entwicklung ist gegründet auf eine genaue Untersuchung der grundgesetzlich geschützten Berufsausübungsfreiheit gemäß Artikel 12 Grundgesetz (GG). Gegenüber diesem Verfassungsartikel müssen Bundes- oder Landesgesetze nachrangig gestaltet sein, sie dürfen nicht in das verfassungsmäßig garantierte Recht eingreifen. Die Berufsausübung ist gekennzeichnet durch die Form, die Mittel und die Bestimmung des Umfangs und des Inhaltes der beruflichen Betätigung. Hierzu gehört auch die Möglichkeit, Werbung für den ausgeübten Beruf zu gestalten und zu verbreiten. Natürlich ist auch der Gedanke fortschreitender Liberalisierung Leitlinie bei Auslegung der Berufsausübungsmöglichkeiten. Professor Jarass L.L.M. schreibt hierzu (die freien Berufe zwischen Standesrecht und Kommunikationsfreiheit, NJW 1982, 1833) „... der Weg der Liberalisierung des Standesrechts, der von einzelnen Gerichten in Abweichung von der Tradition eingeschlagen wurde, (muß) konsequent weiterverfolgt werden, ist er doch nicht weniger als grundrechtlich geboten". Damit ist die Richtung klargemacht. Sie weist eindeutig in die Richtung der durch Artikel 12 GG gewährleisteten Einzelrechte im Rahmen dieses Grundrechtes und zu Lasten einer diese Rechte beschränkenden Gesetzgebungs- und Verordnungstätigkeit. Diese Liberalisierung ist auch die Politik der Europäischen Union. In allen Berufen sind Anzeichen hierfür festzustellen. Wenn es den Ärzten gestern noch untersagt war, mit anderen Mitgliedern med. Fachberufe gesellschaftsvertragliche Bindungen einzugehen, so ist dies durch eine Änderung des Standesrechts jetzt möglich geworden. Für Rechtsanwälte bestand ein Werbeverbot in Berufsrichtlinien. Diese Werbebehinderung wurde obergerichtlich als unzulässig betrachtet, aber, um größere Verwirrung vom Berufsstand fernzuhalten, einige Zeit geduldet. Das

Die Rechtsprechung öffnet sich für Berufswerbung.

Ärzte können mit Mitgliedern med. Fachberufe Arbeitsgesellschaften begründen.

Werbeverbot der Bayer. Landesapotheker-Berufsordnung wurde kartellrechtlich 1993 in wesentlichen Teilen aufgehoben, weil man nach Ansicht der Gerichte „die Apotheker nicht zum Verzicht auf Außenwerbung und damit zum Verzicht auf wettbewerbliche Handlungsmöglichkeiten veranlassen" dürfe. Ein jedes Verbot von lauterer Werbung verstößt gegen die grundgesetzlich geschützte Berufsausübungsfreiheit in Artikel 12 I GG.

Lauterer Wettbewerb soll gefördert werden.

Es soll damit nicht Tür und Tor geöffnet werden für eine ungezügelte und jeden Maßstab aus den Augen verlierende Werbung. Der Begriff „lautere Werbung" ist nahezu in allen liberalisierenden Ausführungen zu lesen. Lauterer Wettbewerb soll nur nicht durch eine das Grundgesetz mißinterpretierende Vorstellung gehemmt werden.

7.6 Werbegaben

Werbegaben sind grundsätzlich unzulässig.

Es ist unzulässig, Werbegaben (Waren oder Leistungen) anzubieten, anzukündigen oder zu gewähren, es sei denn, daß es sich um Gegenstände von geringem Wert handelt, die durch eine dauerhafte und deutlich sichtbare Bezeichnung des Werbenden oder des Arzneimittels gekennzeichnet sind, und es sich um geringwertige Kleinigkeiten oder um Werbegaben handelt, die als Zugaben zulässig wären.

Nur solche von geringem Wert und mit Bezeichnung des Werbenden werden toleriert.

§ 7 HWG zielt darauf ab, eine „unsachliche Beeinflussung durch Werbegaben im Bereich der Heilmittelwerbung" auszuschließen (Begründung des Regierungsentwurfes, BT-Drucksachen 7–3060 S. 68). Bei den medizinischen Fachberufen und Heilpraktikern könnten Gefahren auftreten, die der Gesetzgeber durch diesen § 7 verhindern will. Ärzte, die Therapien aus der physikalischen Therapie verschreiben, sollen nicht in die Gefahr gebracht werden, in ihrer Entscheidungs-

> **An Weihnachten denken -
> Gesundheit schenken!** ★
>
> TOP-Angebot:
> THERAPIE-NACKENKISSEN
> mit Bezug nur   **DM 119,--**
>
> **Gutscheine**
> für Fußpflege, Solarium sowie viele Bade- und Pflegeartikel, hübsch verpackt für Ihre Lieben!
>
> **Praxis M. Musterfrau**
> **Bahnhofsplatz 2, 80000 Musterhausen**
> **Tel.: 00 00/11 22 33**

freiheit durch Werbegaben eingeengt zu werden. Ebenso sollen auch andere Personen, die nicht zu den Fachkreisen gehören, nicht dazu gebracht werden, durch Werbegaben beeinflußt, bestimmte Praxen zu empfehlen.

Es soll auch verhindert werden, daß Praxisinhaber versuchen, sich durch die Aufteilung oder das Austeilen von Werbegaben gegenseitig auszustechen, was somit nicht nur zu einer höheren Kostenbelastung der einzelnen Praxen führen würde, sondern auch einen erhöhten Kostenfaktor im öffentlichen Gesundheitswesen bedeuten würde. Denn trotz Kostendämpfungs-, Gesundheitsreformgesetz und Gesundheitsstrukturgesetz werden 90 % der verordneten Therapien in der physikalischen Therapie von den gesetzlichen Krankenkassen gezahlt.

Schließlich soll auch der potentielle Patient davor bewahrt werden, sich durch das Angebot bzw. das Inaussichtstellen von Werbegaben in der Wahl seiner Praxis beeinflussen zu lassen. Dadurch soll der Patient auch nicht verleitet werden, mehr Leistungen in Anspruch zu nehmen, als er ohne Werbegabe bzw. die Aussicht auf den Erhalt einer Werbegabe in Anspruch nehmen würde.

Das gilt innerhalb wie außerhalb der Fachkreise.

§ 7 HWG erfaßt die Werbung mit Werbegaben sowohl innerhalb, als auch außerhalb der Fachkreise. Auch wenn dies wegen des umfassenden Begriffes der Werbegabe fast unmöglich scheint, so soll doch eine Definition dieses Begriffes versucht werden:

Danach „können als Werbegaben alle tatsächlich oder angeblich unentgeltlichen Zuwendungen (Waren oder Leistungen) verstanden werden, die abstrakt zum Zwecke der Absatzförderung von Heilmittel vergeben werden" (vgl. Doepner, Heilmittelwerbegesetz, § 7 Rdnr. 22). Zur Zugabe (siehe Kapitel 7.15) besteht also der wesensmäßige Unterschied, daß Zugaben vom Abschluß eines Hauptgeschäfts abhängig, also akzessorisch sind, Werbegaben hingegen ohne bindende Rücksicht auf ein solches, also nur in der Hoffnung auf ein solches abgeschlossen werden.

Werbegaben werden gemacht, ohne daß ein Geschäftsabschluß unbedingt erwartet wird.

Auch wenn in Bezug auf diesen Begriff der Werbegabe in der Literaturmeinung einiges umstritten ist, so ist es auf diesem Gebiet doch empfehlenswert, von einem möglichst umfassenden Begriff der Werbegabe auszugehen, um somit nicht in irgendwelche Gefahren einer unzulässigen Werbung zu geraten.

Wie das Wort „Werbegabe" schon andeutet, wird als weitere Voraussetzung gefordert, daß diese Gabe Werbezwecken dient und den Anschein der Unentgeltlichkeit trägt. Dies bedeutet, daß zumindest nach außen hin der Anschein erweckt werden muß, daß die Werbegabe eine Vergünstigung mit sich bringt bzw. als unentgeltlich angesehen werden kann.

Zulässig wird eine Werbegabe, wenn es sich um Gegenstände von geringem Wert handelt, die durch eine dauerhafte und deutlich sichtbare Bezeichnung des Werbenden (oder des Arzneimittels oder beider) gekennzeichnet sind. Der geringe Wert richtet sich nicht nach der Vorstellung des Werbenden oder des Werbeadressaten, sondern wird nach objektiven Verhältnissen ermittelt. Festzustellen ist der objektive Verkehrswert (Gebrauchs- oder Verbrauchswert). Es kommt darauf an, ob der Gegenstand so geringwertig ist, daß er von niemandem, auch nicht von Personen, die über geringe wirtschaftliche Mittel verfügen, als wirtschaftlich sonderlich geachtet wird (BGH Z 11, 260). Betragsmäßig ist der geringe Wert im Laufe der Jahre durch die Rechtsprechung unterschiedlich gesehen worden. Die ältere Rechtsprechung betrachtet DM 0,20 teilweise schon nicht mehr als geringwertig, während die aktuelle Rechtsprechung der Obergerichte DM 0,50 als Geringwertigkeitsgrenze ansieht.

Die Geringwertigkeitsgrenze liegt bei DM 0,50.

Zulässige Werbeausgaben müssen durch eine dauerhafte und gut sichtbare Bezeichnung des Werbeträgers gekennzeichnet sein. Dauerhaft ist dabei eine Kennzeichnung, die nicht durch Radieren, Abziehen von Folien, Abwaschen und ähnlich einfache mechanische Art und Weise beseitigt werden kann. Deutlich sichtbar ist die Eintragung, wenn sie bei gelegentlicher Betrachtung auch dem Betrachter offenbar wird. Der Name des Werbenden braucht nicht vollständig ausgeschrieben zu sein, es muß nur seine Identifizierung aufgrund der Kennzeichnung möglich sein.

Der Hinweis auf den Werbenden muß dauerhaft sein.

7.6.1 Kugelschreiber

Kugelschreiber mit einem Wert von nicht mehr als DM 0,50 wurden vom Landgericht Berlin (WRP 1976 S. 796) als geringwertig angesehen, ebenfalls Bleistifte.

7.6.2 Feuerzeuge / Taschenmesser / Briefbeschwerer

Feuerzeuge, Taschenmesser, Briefbeschwerer sind nach allgemeiner Ansicht keine geringwertigen Gegenstände, wohl jedoch Zündholzheftchen. Taschenmesser wurden von der Rechtsprechung als unzulässige Werbegaben qualifiziert, soweit sie an Laien abgegeben wurden. Über Abgabe innerhalb der Fachkreise liegt z. Z. keine Wertung vor. Briefbeschwerer sind nach Ansicht des Schrifttums innerhalb der Fachkreise eine zulässige

Werbebasis, im Rahmen der Publikumswerbung jedoch nicht erlaubt.

7.6.3 Notizbücher

Einfache Notizbücher mit Kalender und ohne Kalender werden im allgemeinen als geringwertig betrachtet.

7.6.4 Kalender

Kalender sind sowohl innerhalb der Fachkreise als auch bei dem Laienpublikum als Werbeadressat als geringwertige Gegenstände anerkannt.

7.6.5 Terminplaner

Terminplaner sind bei dem Laien als Werbeadressat nicht mehr als geringwertige Gegenstände anerkannt. In Fachkreisen sind Terminplaner als zulässige, da geringwertige, Gegenstände angesehen worden, nicht jedoch Schreibmappen.

7.6.6 Visitenkarten

Die Vergabe von mehr als einer Visitenkarte kann bei den Berufen mit einer gesetzlich reglementierten Werbebehinderung unerlaubte Werbung sein. Solche Vorstellungen haben sich von den ärztlichen Berufen ausgehend auch auf andere medizinischen Fachkreise analog ausgeweitet. Visitenkarten sind jedoch innerhalb der Fachkreise und als Publikumswerbung beliebig viele verteilbar. Visitenkarten können ausgelegt werden, so daß sie dem Zugriff des Werbeadressaten zugänglich sind, verteilt werden, verschickt werden, als Briefkastenwerbung verbreitet werden. Keine dieser Werbemaßnahmen ist unzulässig. Es ist jedoch darauf zu achten, daß die Visitenkarten keine Eintragungen enthalten, die nach anderen Vorschriften gegen Verbotstatbestände verstoßen.

7.6.7 Taschenbücher / Schallplatten / Videoaufnahmen

Taschenbücher und Broschüren werden innerhalb der Fachkreise als zulässige Werbegabe akzeptiert, bei Werbegaben an Laien jedoch als unzulässig betrachtet. Sonderausgaben von Büchern und teurere Bücher sind auch innerhalb der Fachkreise als Werbegabe nicht zulässig, da ihr Wert nicht als geringwertig angesehen wird. Schallplatten und Videokassetten sind innerhalb der Fachkreise zulässig, wenn sich der Inhalt vorwiegend auf die Erzeugnisse und angebotenen Leistungen des Werbenden bezieht, in der Laienwerbung sind Schallplatten und Videoaufnahmen nicht zulässig.

7.7 Werbung auf Informationstafeln und Broschüren

Informationstafeln hängen meist an Orten mit viel Publikumsverkehr. Sie informieren über Notrufnummern, stellen Ortsteile dar und enthalten über diese Information hinaus Werbeanzeigen.

7.7.1 Stadtbezirkstafeln

Stadtbezirkstafeln stellen räumliche Ausschnitte eines Stadt- oder Gemeindebezirks dar und erleichtern die Wegsuche. In den meisten Fällen sind sie umrandet von Werbeanzeigen. Man findet sie in Gaststätten, Geschäf-

Werbung auf Bezirkstafeln ist grundsätzlich zulässig.

Eisenwarenhandel **Beispiel** Bahnhofsplatz 1 70000 ABC-Stadt **Einfach gut!**	M. Musterfrau Heilpraktikerin Musterstraße 2 70000 ABC-Stadt **Praxis für Naturheilkunde**

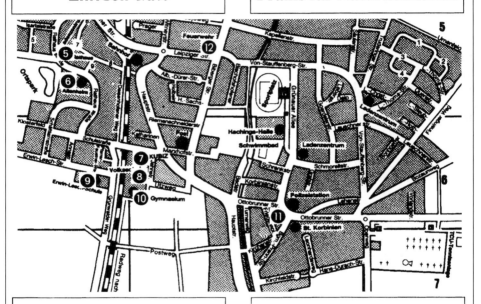

✂ **Friseursalon** ✂ **GOLDENE SCHERE** Kaiserplatz 29 70000 ABC-Stadt	Krankengymnastik-Praxis am Rathaus XY-Weg 70000 ABC-Stadt Marianne Muster

KFZ-Meisterwerkstatt   **Abschleppdienst**
                    Muster

Münchener Str. 7
70000 ABC-Stadt
Tel.: 00 11/22 33 44 55

ten und öffentlichen Gebäuden. Diese Tafeln werden meist durch die Werbung finanziert oder mitfinanziert. Die Verlage beschäftigen zur Durchführung ihrer Werbeaufgaben Vertreter. Aufgrund des Aushangs an Stellen, die stark frequentiert sind, ist die Streuung der Werbung verhältnismäßig groß. Eine solche Werbung ist zulässig und nicht zu beanstanden, sofern nicht Inhalte aufgenommen wurden, die gegen einzelne Verbotstatbestände verstoßen. Auch hier darf im Zweifel das Verbandszeichen einer Berufsorganisation, dessen Veröffentlichung zu Werbezwecken untersagt ist, nicht abgebildet werden. Der Hinweis auf die leistungsabgebenden Kassen bedarf einer entsprechenden, auf eine Sachinformation beschränkten Mitteilung. Abbildungen, die gegen § 11 Ziffer 4 (siehe Kapitel 7.11) verstoßen, müssen unterbleiben.

7.7.2 Notruftafeln

Notruftafeln sind Aushängetafeln, auf denen die örtlichen Notrufnummern für Polizei, Feuerwehr, Krankenfahrzeuge etc. angegeben sind. Es soll eine oft umständliche Suche im Telefonbuch hierdurch überflüssig werden. Die Notruftafeln enthalten ebenfalls Werbeflächen. Diese Flächen werden meist für mehrere Jahre als Werbefläche angeboten und von Werbetreibenden mit Werbung besetzt. Auch diese Art der Werbung ist nicht verboten, falls keine unzulässigen Werbemaßnahmen (siehe insbesondere vorigen Abschnitt) aufgenommen werden.

Werbung auf Notruftafeln ist grundsätzlich zulässig.

7.7.3 Landkreistafeln

Auf Landkreistafeln sind ganze Kreisgebiete abgelichtet, so z. B. Straubing, Bogen. Sie sind eine Weghilfe. Auch diese Tafeln werden mit Werbeflächen ausgestattet, die zur Finanzierung der Tafel dienen. Im übrigen gilt das unter 7.7.1 Gesagte.

Werbung ist grundsätzlich zulässig.

Polizei   222
Feuerwehr   333
Notarzt 444

| Eisenwarenhandel Beispiel Bahnhofsplatz 1 70000 ABC-Stadt Einfach gut! | M. Musterfrau Heilpraktikerin Musterstraße 2 70000 ABC-Stadt Praxis für Naturheilkunde | Christa s FRISIERSTUBE Kaiserplatz 29 70000 ABC-Stadt |

Blumenfee

Gärtnerplatz
70000 ABC-Stadt

Lassen Sie Blumen sprechen!

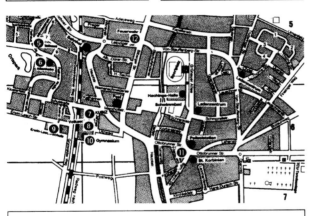

KFZ-Meisterwerkstatt Maier
Abschleppdienst

Münchener Str. 7
70000 ABC-Stadt
Tel.: 00 11/22 33 44 55

Krankengymnastik-
Praxis
am Rathaus
XY-Weg
70000 ABC-Stadt

Marianne Muster

Sonnenstudio
Ingrid
Am Hauptbahnhof
70000 ABC-Stadt

**Tun Sie was für sich
und Ihre Schönheit!**

Zirblstube
XY-Weg 2
70000 ABC-Stadt

7.7.4 Berufsverzeichnisse

Für nahezu alle Branchen gibt es Verzeichnisse der Berufsausübenden. Die gelben Seiten des Branchentelefonbuches der Deutschen Telekom AG gliedern sich in Hunderte von Branchen, deren einzelne Mitglieder aufgeführt sind. Die gesetzlichen Krankenkassen geben Verzeichnisse ihrer Vertragsärzte heraus und werben bei den Mitgliedern der med. Fachberufe um entgeltliche Aufnahme in solche Verzeichnisse. Solche Verzeichnisse und die Aufnahme des einzelnen Leistungsanbieters hierin sind natürlich zulässig. Das gilt selbst für die Berufe, für die Werbung, jedenfalls z. Z. noch, untersagt ist. Das Bundesverfassungsgericht beschloß am 17.02.1992 (1 BvR 899/90) zugunsten einer klagenden Rechtsanwältin, „daß die Teilnahme am Anwalts-Such-Service ... keine reklamehafte Werbung (bedeutet)". Die Angabe von Tätigkeitsbereichen entspricht vielmehr einem Informationsbedürfnis der Rechtsuchenden, weil nicht jeder Rechtsanwalt überwiegend Fälle eines bestimmten Rechtsgebietes bearbeitet. Für die Berufsträger, die kein eigenes Standesrecht besitzen, wie die angesprochenen Leserkreise, gilt daher der Grundsatz der Zulässigkeit von Aufnahmen in Berufsverzeichnisse, auch ohne grundsätzliche richterliche Feststellungen. Ob sich der eine oder andere hierbei in fetten Druckbuchstaben aufnehmen läßt, ändert nichts an der grundsätzlichen Feststellung der Zulässigkeit.

Bekanntmachung von Berufsangaben in entsprechenden Verzeichnissen ist zulässig und erwünscht.

7.8 Werbung durch Selbstdarstellung

Die Selbstdarstellung kann sich auf die eigene Person oder aber auf die Praxis beziehen. Grundsätzlich sind solche Werbemöglichkeiten zulässig. Der Werbende muß sich vor Übertreibung hüten, da übertriebene Werbung leicht irreführend ist und auch gegen die guten Sitten verstoßen kann.

Übertreibung verstößt gegen § 3 HWG.

7.8.1 Werbung mit Niedrigpreisen

Preislimitierungen bestehen nach oben.

Nach oben gibt es Preisgrenzen in allen Branchen und für alle Waren- und Leistungsanbieter. Sofern keine taxmäßigen Vergütungsregelungen existieren, sind Höchstpreise für die med. Fachberufe die üblichen Preise im Sinne von § 612 BGB. Das sind die Preise, die von der am Ort ansässigen Kollegenschaft überwiegend von ihren Patienten für bestimmte Behandlungen und Leistungen gefordert werden. Die Höchstsätze, die von Mitgliedern der gesetzlichen Krankenkassen verlangt werden können, sind in den gemäß § 125 SGB V gestalteten Vergütungslisten enthalten.

Nach unten sind Preise offen.

Verzicht auf Patienteneigenanteil ist unzulässig.

Nach unten gibt es für die med. Fachberufe und Heilpraktiker keine Grenzen. Für die med. Fachberufe bestimmt dies § 125 SGB V. Nach unten sind Abweichungen zulässig, und derartige Abweichungen können auf der individuellen Vertragsebene zwischen der einzelnen Krankenkasse und dem einzelnen Leistungserbringer vereinbart werden. Für Privatpatienten ergibt sich dies ohne besondere gesetzliche Vorschrift. Die angesprochenen Gruppen seien nur davor gewarnt, einen ruinösen Wettbewerb einzuleiten durch Preisunterbietungen. Niedrigpreise dadurch zu erzielen, daß der bei manchen Berufsgruppen gesetzlich eingeführte Eigenanteil (Zuzahlung im Sinne von § 32 SGB V) dem Patienten erlassen wird, ist unzulässig. Hierdurch wird der von der Krankenkasse erhobene Vergütungsbetrag 100 %, auf den wiederum der Patient eine Zuzahlung von 10 % zu leisten hätte, geschmälert, so daß an der Gesamtvergütung die gesetzliche Krankenkasse mit mehr als 90 % beteiligt ist. Durch den einseitig nur dem Patienten gegenüber erklärten Nachlaß zahlt die Krankenkasse zu viel (Landgericht Osnabrück, Urteil vom 30.06.1989, 3 HO 89/89).

7.8.2 Werbung mit Exclusivität und Berufsbezeichnung

Der Praxisinhaber kann sich darstellen mit allen seinen abgabefähigen Leistungen und allen seinen Qualifikationen. Er kann auch darüber hinaus Leistungen, die in seiner Praxis angeboten werden, erwähnen und offerieren. Wenn die Praxis im örtlich schön gelegenen Innenstadtbereich, in der Fußgängerzone oder im Stadtpark liegt, darf er dies ebenso mitteilen.

Täuschungsfreie Eigendarstellung ist zulässig und ggf. erwünscht.

Exclusivität darf jedoch nicht so weit gehen, daß er sich mit erfundenen Berufsbezeichnungen schmückt. Diplom-Masseure gibt es nicht. Ausländische Berufsbezeichnungen sollten auf das Herkunftsland hinweisen

---

Die XY-Praxis im Stadtpark

Physikalische Therapie
Lymphdrainage
Präventives Bewegungstraining
Rückenschule
Wirbelsäulengymnastik
Anti-Osteoporose-Training
Funktionelles Bewegungstraining

Praxis für Physikalische Therapie
Maria Musterfrau
ABC-Straße 1
80000 Musterhausen

Täuschende Eigendarstellung kann zu Abmahnungen führen.

und dürfen nicht mißverständlich sein. Wenn jemand in beruflicher Weiterbildung die manuelle Lymphdrainage erlernt hat, so mag es noch angehen, daß er sich Lymphdrainage-Therapeut nennt. Damit ist aber auch schon die Grenze des Zulässigen erreicht. Jede zusätzlich erworbene Qualifikation zu einer Berufsbezeichnung zu gestalten, dürfte irreführende Werbung sein, da hierdurch bei den angesprochenen Verkehrskreisen der Eindruck erweckt wird, als habe der Praxisinhaber bzw. der die Berufsbezeichnung wählende Mitarbeiter eine berufliche Qualifikation erworben, die über die staatlich geschützte Berufsausbildung hinausgeht. Solche Vorgänge werden meist kostenpflichtig abgemahnt.

7.8.3 Werbung mit Leistungsangeboten

Alle Leistungsangebote dürfen bekanntgegeben werden.

Es ist ein weit verbreitetes Vorurteil, daß nur die wichtigsten Leistungen von den Mitgliedern der med. Fachberufe oder Heilpraktikern erwähnt werden, in das Praxisschild aufgenommen werden und im Briefkopf erscheinen dürfen. Wo auch immer Platz und Möglichkeiten sich anbieten, darf der Leistungsanbieter die von ihm und seinen Mitarbeitern anbietbare Leistung benennen. Der Leistungsanbieter sollte lediglich, falls die angebotenen Leistungen über die von ihm erlernten und von ihm selbst abgabefähigen Leistungen hinausgehen, seine Berufsbezeichnung auf derselben Werbefläche bekanntgeben, damit die Patienten ersehen können, daß die Leistung von einem Mitarbeiter des Praxisinhabers abgegeben werden wird (siehe im übrigen Kapitel 7.9).

7.8.4 Werbung mit Verbandszeichen

Verbandszeichen sind im Zweifel eingetragene Warenzeichen. Über ihre Verwendbarkeit gibt eine Satzung Auskunft. Berufsverbände legen meist Wert darauf, daß ihre Zeichen nicht unzulässig gebraucht werden. Über den Rahmen der Zulässigkeit gibt die Verbandszeichensatzung Auskunft. Ehe ein Verbandszeichen zu Werbezwecken gebraucht wird, sollte nachgeprüft werden, ob die Verbandszeichensatzung diese Verwendung gestattet. In der Regel ist dies nicht der Fall. Dann muß in allen Werbemitteilungen auf eine Verwendung der Verbandszeichen verzichtet werden.

Die Verbandszeichensatzung gibt Auskunft über die Verwendbarkeit.

7.8.5 Werbung mit erfundenen Logos

Praxisinhaber verwenden verschiedentlich Zeichen, mit welchen auf die Tätigkeit in der Praxis hingewiesen werden soll. Das ist grundsätzlich statthaft. Es darf nur nicht bei diesen Zeichen zu einer symbolhaften Darstellung der beruflichen Betätigung des Praxisinhabers oder seiner Mitarbeiter kommen. Dies würde gegen § 11 Ziffer 4 HWG verstoßen und Geldbußen in beträchtlicher Höhe nach sich ziehen. Alle anderen Darstellungen sind erlaubt. Zulässig sind alle Symbole, mit denen

Sauna • Kurbad
Mustermann
ABC-Straße 1
80000 Beispiel

verboten!

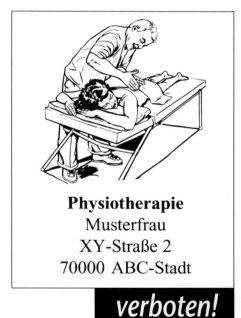

Physiotherapie
Musterfrau
XY-Straße 2
70000 ABC-Stadt

verboten!

Sauna •Kurbad
Mustermann
ABC-Straße 1
80000 Beispiel

erlaubt

Naturheilpraxis
Musterfrau
XY-Straße 2
70000 ABC-Stadt

erlaubt

Erfundene Logos sind nicht verboten, Vorsicht bzgl. § 11 HWG.

auf Dinge der Natur hingewiesen wird, z. B. Bäume, Wasser, Sonne. Diese Symbole werden in der physikalischen Therapie gerne gewählt, weil dieser Wissenschaftszweig mit den Mitteln der Natur arbeitet (griechisch: Physis = Natur).

7.8.6 Werbung mit ausländischen Titeln

Der Sporttherapeut mit dem Basisberuf Diplom-Sportlehrer ist Absolvent einer Hochschule und natürlich berechtigt, den akademischen Titel (Diplom-...) zu führen. In jüngster Zeit sind an einigen deutschen Hochschulen Abteilungen geschaffen worden, nach deren erfolgreichem Besuch Personen sich Diplom-Logopäde oder Diplom-Ergotherapeut nennen dürfen. Physiotherapeuten bereiten solche Ausbildungsgänge gerade vor. Natürlich dürfen auch diese in der Bundesrepublik erworbenen Titel geführt werden.

Wie aber steht es mit ausländischen akademischen Bezeichnungen, beispielsweise mit dem niederländischen Bachelor (Bakkalaureus), der nach erfolgreichem Physiotherapiestudium verliehen wird? Die Entscheidung über die Berechtigung zur Führung eines ausländischen Titels ist grundsätzlich Ländersache. Die meisten Bundesländer (Bayern ausgenommen) binden die Berechtigung zur Titelführung an ein Erlaubnisverfahren, das immer dann positiv entschieden wird, wenn der ausländische Titel von einer anerkannten Lehranstalt stammt. Der Amsterdamer Hochschulabgänger im Fachbereich Physiotherapie wird also seinen ausländischen akademischen Titel führen dürfen (Bayern fordert mehrjährigen Besuch der ausländischen Hochschule vor Ort). Man sollte bei der zuständigen Landesbehörde Auskunft einholen und das Erlaubnisverfahren einleiten.

7.9 Werbung mit Hinweis auf gesetzliche Krankenkassen

Gemäß § 125 SGB V ist es Aufgabe der Verbände der Primärkassen sowie der Verbände der Ersatzkassen, mit Wirkung für ihre Mitgliedskassen Verträge mit Leistungserbringern oder Verbänden der Leistungserbringer über die Einzelheiten der Versorgung mit Heilmitteln und über die Preise und deren Abrechnung abzuschließen. Die aus dieser Verpflichtung entstehenden Versorgungs- oder Rahmenverträge enthalten auch unterschiedlich formulierte Werbeverbotsregelungen. Nicht alle Berufsverbände haben solche werbebehindernden Vertragsabreden in ihre Versorgungsverträge aufgenommen. Wenn werbebehindernde Abreden aufgenommen sind, lauten diese entweder: „Werbung für die im Rahmen dieses Vertrages zur Verfügung stehenden Leistungen ist nicht zulässig, soweit Versicherte persönlich oder öffentlich zur Inanspruchnahme dieser Leistungen aufgefordert werden." oder: „Werbemaßnah-

Vertragliche Werbeverbote in Versorgungsverträgen sind für die Vertragspartner bindend.

men des Leistungserbringers dürfen sich nicht auf die Leistungspflicht der Krankenkasse beziehen" oder ähnlich. Die bei den gesetzlichen Krankenkassen zugelassenen Leistungsanbieter müssen im Rahmen des Zulassungsvorgangs gemäß § 124 II Nr. 4 SGB V die geltenden Versorgungsverträge nach § 125 SGB in allen Einzelheiten anerkennen, also auch – sofern beinhaltet – das vertragliche Wettbewerbsverbot in der beschriebenen, aber etwas unterschiedlich formulierten Ausgestaltung. Die kartellrechtliche Absprache findet aufgrund der kollidierenden Rechtsgüter (siehe Abschnitt V) die Anerkennung des Bundeskartellamtes. In einem Schreiben an den Verfasser teilt das Bundeskartellamt mit: „Nach Auffassung mehrerer Krankenkassenverbände, die die Notwendigkeit von Werbeverboten in unterschiedlichem Umfang bestätigt haben, ist die Beschlußabteilung zu dem Ergebnis gelangt, daß sie für ihren Zuständigkeitsbereich derartige Verbote, soweit sie nicht über das bisherige Maß hinausgehen, zumindest tolerieren wird." In dem beschriebenen Umfang sind daher vertragliche Werbeverbote zu beachten. Das führt zu folgenden Konsequenzen:

7.9.1 bei Bekanntgabe von Krankenkassen und Hinweis auf Krankenkassenleistungen

Sachliche Hinweise auf Kassenzugehörigkeit und Kassenleistungen sind erlaubt.

Die von den Krankenkassen ihren Mitgliedern gegenüber abgegebenen Leistungen sind in Verzeichnissen und Richtlinien fest umrissen. Jeder Therapeut kennt die von den Krankenkassen vergüteten Leistungen. Wenn er diese Leistungen in irgendeiner Werbemitteilung bekannt gibt, so muß es ihm erlaubt sein, auch einen kurzen, grafisch nicht übertriebenen und verbal nicht über die sachliche Information hinausgehenden Hinweis bekanntzugeben. Er muß also neben die aufgeführten Leistungen, wie Krankengymnastik, Atemtherapie, Chirogymnastik, den Hinweis anbringen können: „Alle Kassen nach ärztlicher Verordnung". Damit teilt der Therapeut seinen Patienten mit, daß er Mitglieder der gesetzlichen Krankenkassen behandeln kann. Diese Mitteilung darf jedoch nicht in ein Ungleichgewicht ausarten, das über die eigentliche Information hinaus einen überwiegenden Werbecharakter offenbart. Dies könnte durch übertriebene Größe des Schriftzuges des Hinweises erfolgen als auch durch erläuternde Sätze.

7.9.2 bei Bekanntgabe von Krankenkassen ohne Hinweis auf Krankenkassen-Leistungen

Sofern in einer Werbemitteilung die Leistungen des Werbenden, die dieser in seiner Praxis anbietet, nicht genannt sind, kann der Hinweis auf die Zulassung zu den gesetzlichen Krankenkassen und zur Abrechnungsfähigkeit bei diesen in gleicher Weise erfolgen, wie im vorigen Abschnitt beschrieben. Ein mit übertriebenem Aufwand beschriebener Hinweis wäre auch in diesem Fall unzulässige Werbung, weil die Patienten ohnehin wissen, daß in einer Krankengymnastikpraxis beispielsweise Krankengymnastik und in einer Massagepraxis Massage als Leistung angeboten wird.

Keine Einwände gegen Kassenhinweis alleine.

7.9.3 bei Bekanntgabe von Krankenkassen und Hinweis auf Leistungen, die nicht Krankenkassen-Leistungen sind

Es ist irreführend, wenn ein Praxisinhaber unter dem Hinweis auf die Abrechnungsfähigkeit mit den gesetzlichen Krankenkassen Leistungen bekanntgibt, die nicht in den Leistungskatalog der gesetzlichen Krankenkassen fallen. Solche Fehler passieren meist unabsichtlich. Wenn ein Praxisinhaber seine Leistung bekannt gibt mit:

Leistungen, die von Kassen nicht abgegeben werden, räumlich von Kassenhinweis trennen.

> - **Massage**
> - **Unterwassermassage**
> - **Elektrobehandlung**
> - **Eisanwendung**
> - **Manuelle Lymphdrainage**
> - **Fußreflexzonentherapie**

dann hat sich in den von ihm beschriebenen Leistungskatalog eine Leistung (Fußreflexzonentherapie) eingeschlichen, die nicht vom Leistungsumfang der gesetzlichen Krankenkassen erfaßt wird. Wenn nach Aufzählung der Hinweis: „Kassenleistung nach ärztlicher Verordnung" erfolgt, wird falsch informiert. Es wäre angebracht, in diesem Falle wie folgt das Leistungsspektrum bekanntzugeben:

> - Massage
> - Unterwassermassage
> - Elektrobehandlung
> - Eisanwendung
> - Manuelle Lymphdrainage
>
> **alle Kassen nach ärztlicher Verordnung**
>
> außerdem:- Fußreflexzonentherapie

7.9.4 bei Bekanntgabe von Krankenkassen-Leistungen ohne Hinweis auf die gesetzlichen Krankenkassen

Die Bekanntgabe ist ungehindert möglich. Allerdings wird bei dieser Art der Patienteninformation nicht darüber informiert, daß Mitglieder der gesetzlichen Krankenkassen behandelt werden.

7.9.5 bei Bekanntgabe von Leistungen, die nicht Krankenkassen-Leistungen sind, ohne Hinweis auf die gesetzlichen Krankenkassen

Wenn jemand für Fußreflexzonentherapie beispielsweise eine Werbeinformation gibt, so darf der Hinweis auf die gesetzlichen Krankenkassen nicht erfolgen, weil diese Leistung nicht von den gesetzlichen Krankenkassen abgegeben wird und der Vertragsbehandler für diese Leistung die gesetzlichen Krankenkassen auch nicht vergütungsrechtlich in Anspruch nehmen kann.

7.10 Werbung mit Gutachten, Krankengeschichten und Fremdsprachenausdrücken und sonstigen Veröffentlichungen

7.10.1 Gutachtenwerbung

Nach § 6 HWG ist eine Werbung unzulässig, wenn

1. Gutachten oder Zeugnisse veröffentlicht oder erwähnt werden, die nicht von wissenschaftlich oder fachlich hierzu berufenen Personen erstellt worden

Werbung durch Gutachten oder sonstige fachliche Veröffentlichungen sind ohne Hinweis auf den Aussteller unzulässig.

sind und nicht die Angabe des Namens, Berufes und Wohnortes des Gutachters oder Ausstellers des Zeugnisses sowie den Zeitpunkt der Ausstellung des Gutachtens oder Zeugnisses enthalten,

2. auf wissenschaftliche, fachliche oder sonstige Veröffentlichungen Bezug genommen wird, ohne daß aus der Werbung hervorgeht, ob die Veröffentlichung das Verfahren, die Behandlung, den Gegenstand oder ein anderes Mittel selbst betrifft, für die geworben wird und ohne daß der Name des Verfassers, der Zeitpunkt der Veröffentlichung und die Fundstelle genannt werden.

Das gilt nur in den Fachkreisen.

Nach dem Wortlaut des Gesetzes könnte davon ausgegangen werden, daß dieser Paragraph sowohl die Werbung innerhalb, als auch außerhalb der Fachkreise betrifft. Das HWG hat in § 11 Nr. 1 und 2 für eine Werbung außerhalb der Fachkreise, also der Publikumswerbung, eine eigene speziellere Regelung getroffen. Hieraus kann somit geschlossen werden, daß sich § 6 HWG nur auf Werbung innerhalb der Fachkreise bezieht (siehe Kapitel 4.4).

Die gesetzliche Bestimmung muß bei der Werbung mit Gutachten und Fachveröffentlichungen beachtet werden, wenn ein Mitglied der med. Fachberufe und Heilpraktiker gegenüber seinen Kollegen, also innerhalb der Fachkreise, wirbt.

Eine bestimmte Qualifikation des Verfassers ist gefordert.

Die gesetzliche Regelung ist deshalb auch für die Werbung innerhalb von Fachkreisen so streng gefaßt, da auch die Angehörigen dieser Fachkreise Gutachten gewöhnlich eine sehr hohe Beweiskraft beimessen und diesen bevorzugt Glauben schenken. Wer als nicht berufene Person im Sinne des § 6 Nr. 1 HWG bezeichnet werden kann, muß im Einzelfall entschieden werden. Es kann jedoch davon ausgegangen werden, daß diese Personen nicht berufen sind, denen die entsprechende wissenschaftliche Kenntnis nach ihrem Ausbildungsgang und ihrer beruflichen Tätigkeit fehlt (vgl. Bayerisches Oberstes Landesgericht, NJW 63, S. 402). Als berufen können i. d. R. Ärzte, Apotheker und Heilpraktiker angesehen werden. Hierbei ist jedoch zu beachten, daß die geeignete Qualifikation des Verfassers an der Themenstellung gemessen werden wird.

Die Voraussetzungen des § 6 Nr. 1 und 2 HWG müssen jeweils vollständig gegeben sein. Es muß eine Werbung durch ein Gutachten, auf das Bezug genommen wird, auch dann als unzulässig angesehen werden, wenn die Angabe des Namens, des Berufes und Wohnortes des Verfassers fehlt, obwohl sonst von richtigen Angaben ausgegangen werden muß.

Unter „sonstige Veröffentlichungen" im Sinne von § 6 Nr. 2 fallen Veröffentlichungen von Personen, die nicht zu den Fachkreisen im Sinne von § 2 HWG gehören oder wenn auch zu den Fachkreisen gehörend, nicht fachlich zu dem speziellen Thema berufen sind. Es kann sich dabei um Veröffentlichungen handeln, die statistischen Zwecken dienen. In Betracht kommen aber auch Publikationen, wie etwa Patientenberichte oder Krankengeschichten. Sonstige Veröffentlichungen können auch populärwissenschaftlicher Art sein, Leserbriefe und wissenschaftsferne Erläuterungen, selbst wenn der Verfasser Mitglied der Fachkreise ist.

Auch populärwissenschaftliche Veröffentlichungen gehören hierzu.

7.10.2 Fachveröffentlichungen

Unzulässig ist es, gemäß § 11 Ziffer 1 HWG außerhalb der Fachkreise für Verfahren und Behandlungen oder andere Mittel mit Gutachten, Zeugnissen, fachlichen Veröffentlichungen oder Hinweisen hierauf zu werben.

Eine ähnliche Vorschrift wurde schon in § 6 HWG behandelt. Jedoch handelt es sich bei § 11 Nr. 1 um eine spezielle Norm für den Fall, in dem eine Werbung mit Gutachten und Fachveröffentlichungen außerhalb der Fachkreise vorgenommen werden soll.

Gänzlich unzulässig ist Werbung mit Gutachten und fachlichen Veröffentlichungen außerhalb der Fachkreise.

Grund hierfür ist, daß von Gutachten, Zeugnissen, etc. eine besonders intensive Überzeugungswirkung ausgeht, da medizinische Laien der Meinung sind, daß sol-

Gutachten/ Zeugnisse beeinflussen med. Laien stark.

che Gutachten und Fachveröffentlichungen von unabhängigen Medizinern bzw. von Leuten mit medizinischen Fachkenntnissen verfaßt wurden und somit eine objektive Beurteilung enthalten. Nachdem medizinische Laien nicht oder meist nicht immer in der Lage sind, solche Gutachten und Fachveröffentlichungen kritisch zu würdigen, ist die Gefahr besonders groß, daß durch solche Veröffentlichungen das Publikum irregeführt oder doch wenigstens gelenkt wird. Auch wenn in der Literatur Zweifel in der Vereinbarkeit des § 11 Nr. 1 mit Art. 5 I Satz 1 GG (Meinungsäußerungsfreiheit) und Art. 5 III GG (Freiheit der Wissenschaft) geäußert wurden und geäußert werden, hat der Bundesgerichtshof die Verfassungsmäßigkeit dieses Paragraphen bejaht (vgl. BGH GRUR 1970, S. 558, 560).

Als Beispiele für zulässige bzw. unzulässige Werbung im Sinne von § 11 Nr. 1 können folgende genannt werden:

Die Veröffentlichung eines Mediziners über die Wirkungsweise und den Anwendungsbereich der „Ginseng-Wurzel" ist zulässig. Es ist eine Stellungnahme zur Vitaminwirkung der „Ginseng-Wurzel", die als das Ergebnis exakter Untersuchung bezeichnet wurde. Nach Auffassung des OLG Hamburg (Urteil vom 14.11.1968, AZ: 3 U 68/68) liegt hier eine fachmännische Begutachtung vor.

Reha-Zentren sollten Gutachtenwerbung unterlassen, wenngleich sie sich hier anbieten.

Die Werbung eines Sanatoriums mit dem Sonderdruck eines in einer Zeitschrift erschienenen Aufsatzes eines Oberregierungsmedizinalrates a. D., der neben einer Beschreibung des Sanatoriums und seiner Lage auch eine wertende Stellungnahme zu den Leistungen und Behandlungsmethoden des Sanatoriums enthielt sowie insbesondere auch Ausführungen über die Ernährungsweise in diesem Haus und die dort angewandten Heilfastenkuren, wurde für unzulässig erklärt (vgl. BGH GRUR 1970, S. 558 ff.).

Eine solche Form der Werbung dürfte u. U. für die Personen in Betracht kommen, die ein Reha-Zentrum betreiben bzw. innerhalb eines Reha-Zentrums arbeiten. Bei einer solchen Werbung sollte somit von Bezugnahmen auf Veröffentlichungen bzw. Gutachten Abstand genommen werden.

7.10.3 Werbung mit fachlichen Empfehlungen und Prüfungen

Unzulässig ist eine Werbung mit fachlichen Empfehlungen gemäß § 11 Ziffer HWG.

§ 11 Ziffer 2 ist als Ergänzung zu § 11 Nr. 1 anzusehen, so daß prinzipiell von dem gleichen Sinn und Zweck der Vorschrift auszugehen ist. Bei der Werbung mit den in § 11 Nr. 2 beschriebenen Angaben wird in weiten, mit der Heilkunde nicht vertrauten Kreisen der Bevölkerung die Vorstellung erweckt, das empfohlene Heilmittel sei einer Prüfung unterzogen worden (vgl. OLG Karlsruhe, SRH VIII, S. 218 ff.). Die globale fachliche Empfehlung eines Heilmittels vermittelt insbesondere leicht den Eindruck, das empfohlene Produkt bzw. Verfahren sei zur Behandlung der Krankheit eines jeden angesprochenen Verbrauchers ohne Berücksichtigung der individuellen Besonderheiten des Falls geeignet. Häufig sind Krankheitszustände aber sehr komplexer Natur, so daß eine verallgemeinernde Empfehlung eines Heilmittels medizinisch nicht vertretbar erscheint. Erst die ärztliche Untersuchung des Kranken ergibt eine Grundlage für die Beurteilung, welches Heilmittel am ehesten eine erfolgreiche Behandlung erwarten läßt (vgl. OLG Hamburg, Urteil vom 14.11.1968, AZ: 3 U 68/68). Es besteht die Gefahr, daß fachunkundige Verbraucher in ihrem Glauben an ärztliche Autorität und Sachkunde Werbeangaben mit fachlichen Empfehlungen und Ergebnissen fachlicher Prüfungen, die für sie nicht nachprüfbar sind, kritiklos vertrauen und demgemäß unsachlich beeinflußt werden (vgl. OLG Hamburg, Urteil vom 20.07.1978, AZ: 3 U 89/78).

Für fachliche Empfehlungen gilt das für Gutachten Gesagte.

Der med. Laie soll geschützt werden.

Unzulässig sind demzufolge Empfehlungen wie:

- *klinisch geprüft,*
- *empfohlen von Schweizer Professoren,*
- *in den ersten Laboratorien Europas entwickelt,*
- *in Krankenhäusern mit Erfolg angewendet,*
- *wissenschaftlich anerkannt,*

- *fachlich geprüft,*
- *Ärzte bestätigen,*
- *von Dermatologen getestet.*

7.10.4 Wiedergabe von Krankengeschichten

Unzulässig ist eine Werbung mit der Wiedergabe von Krankengeschichten oder Hinweisen hierauf nach § 11 Ziffer 3 HWG.

Mit Berichten über Krankengeschichten darf nicht geworben werden.

Grund für dieses Werbeverbot ist der besondere Werbeeffekt, der von in einer Heilmittelwerbung wiedergegebenen Krankengeschichte auf das Laien-Publikum ausgeht (amtliche Begründung des Gesetzes a.a.O.).

Die Schilderung einer Krankheitsgeschichte erinnert an das wertvolle Gut der Gesundheit und läßt uns Anteil nehmen am Unglück anderer Menschen. Sie fordert aber auch häufig dazu heraus, in sich hineinzuhören, um festzustellen, ob nicht ähnliche Symptome sich einem selbst offenbaren. Hat die eigene Gesundheit bereits gelitten oder hat sich eine Krankheit eingestellt, so werden Ähnlichkeiten des geschilderten Geschehens mit dem eigenen Krankheitsbild verglichen. Es kann der Eindruck entstehen, daß die eigene Erkrankung in der Werbung geschildert wird. „Es entsteht die Erwartung, die Verwendung des Heilmittels würde den gleichen Erfolg bringen, wie er in der Werbung geschildert wird" (vgl. Doepner, Heilmittelwerbegesetz, § 11 Nr. 3 Rdnr. 3).

Es soll dem Eindruck vorgebeugt werden, dieselbe Anwendung würde zum gleichen Erfolg führen.

Eine Folge für die Maßnahmen im Bereich der medizinischen Fachberufe kann sein, daß die Patienten besonderen Druck auf die Ärzte hinsichtlich der Verordnung der Heilmittel ausüben. Nachdem auch oft die Patienten ihre Leiden falsch einschätzen, kann in diesem Bereich auch eine falsche Erwartung an das in der Werbung dargestellte Heilmittel geweckt werden. Heilpraktiker könnten selbst, wie Ärzte, unter Druck genommen werden.

Einwirkungen auf den Arzt zur Verordnung desselben Mittels soll unterbleiben.

Sowohl Angehörige der Fachkreise als auch Laien können Verfasser von Krankengeschichten im Sinne von § 11 Nr. 3 sein (vgl. OLG Hamburg, Urteil vom 05.10.1978, AZ: 3 U 75/78). Krankengeschichten sind Schilderungen von Krankengeschehen, welche geeignet sind, die angesprochenen Verkehrskreise dazu zu verführen, die gleichen Symptome, die geschildert werden, bei sich festzustellen (ähnlich Landgericht Düsseldorf, Urteil vom 07.07.1971, AZ: 17 U 215/71). Die Schilderung eines Krankheitszustandes reicht nicht aus. Die Krankengeschichte muß patientenbezogen dargestellt werden. Auch erfundene Krankengeschichten fallen unter das Verbot von § 11 Nr. 3, falls eine Identifikationsmöglichkeit mit Krankheiten der angesprochenen Verkehrskreise möglich ist (vgl. OLG Düsseldorf, SRHX S. 250). Eine Wiedergabe von Krankheitsgeschichten liegt dann vor, wenn sie ganz oder teilweise in der Werbung zur Kenntnis des Publikums gebracht werden. Dies geschieht meist durch eine schriftliche oder mündliche Schilderung des Inhalts der Krankengeschichten, wobei auch Einkleidung in „Erfolgsberichte", „Stories" oder in andere Protokolle möglich ist (siehe Kleist-Albrecht-Hofmann, § 11 Rdnr. 18). Hinweise auf eine solche Krankengeschichte reichen nach dem Wortlaut des Gesetzes aus.

Es ist gleichgültig, wer die Krankengeschichte verfaßt hat und ob sie wahr ist.

7.10.5 Werbung mit fremd- und fachsprachlichen Bezeichnungen

Unzulässig ist gemäß § 11 Ziffer 6 die Werbung mit fremd- oder fachsprachlichen Bezeichnungen, soweit sie nicht in den deutschen Sprachgebrauch eingegangen sind. Dieses Verbot betrifft die am häufigsten abgemahnten Fälle, da verschiedentlich innerhalb von Werbeanzeigen fachsprachliche Bezeichnungen verwendet werden, die gerade nicht in den allgemeinen deutschen Sprachgebrauch eingegangen sind. Der Gesundheitsausschuß begründete die Aufnahme dieses Falles in die Verbotsliste nach dem HWG, da die fremd- bzw. fachsprachlichen Be- und Umschreibungen bekanntermaßen auch auf den nicht fachlich Vorgebildeten geradezu eine magische Wirkung ausüben. Die Erfahrung hat gezeigt, daß nicht verstandene und nicht verständliche, aber wichtig klingende Ausdrücke zu groteskem Umgang mit Heilmittel führen können. Die fremd- und fachsprachlichen Ausdrücke vermitteln in der Heilmittelwerbung häufig einen nicht immer gerechtfertigten Anstrich der Wissenschaftlichkeit, der geeignet ist, den Kaufwillen zu verstärken und suggestiv zu beeinflussen (BGH GRUR 1972, S. 372).

Wie der Name schon sagt, sind fremdsprachliche Bezeichnungen Worte, die einer fremden Sprache angehören. Solche Bezeichnungen sind für die Deutsch sprechenden Personen nur verständlich, wenn diese Personen die andere Sprache gelernt haben oder zumindest diesen Ausdruck in der anderen Sprache kennen.

Fremdsprachliche Bezeichnungen sind nicht Fremdwörter.

Hiervon müssen Fremdwörter unterschieden werden, die von Personen, die Deutsch als Muttersprache sprechen, verstanden werden, ohne daß dieses Verstehen auf der Kenntnis der betreffenden Fremdsprache beruht.

Was der durchschnittlich Gebildete versteht, ist nicht fremdsprachlich.

Nach der in der Rechtsprechung und Literatur herrschenden Meinung hat eine fremd- oder fachsprachliche Bezeichnung dann Eingang in den allgemeinen deutschen Sprachgebrauch gefunden, wenn sie von dem „durchschnittlich gebildeten medizinischen Laien" bzw. dem „deutsch sprechenden Durchschnittsleser" verstanden wird. Der BGH (GRUR 1972, S. 372, 373) hat sich nicht ausdrücklich festgelegt, aber gemeint, daß dieser Maßstab für den Werbenden jedenfalls nicht zu ungünstig sei. Läßt sich also feststellen, daß schon der durchschnittlich gebildete Laie das zu prüfende fremd- oder fachsprachliche Wort nicht versteht, so ist die Werbung unter Verwendung des Wortes gemäß § 11 Nr. 6 HWG unzulässig.

Nachdem verständlicherweise die Definition des allgemeinen deutschen Sprachgebrauchs sehr schwierig zu verdeutlichen ist, soll hier vor allem Wert auf die verschiedenen Beispiele gelegt werden, um so eine Vorstellung vom allgemeinen deutschen Sprachgebrauch bzw. den Ausmaßen des Verbotes gemäß § 11 Nr. 6 zu vermitteln.

Werbung mit fremd- und fachsprachlichen Bezeichnungen ist unzulässig.

Die Verwendung fremd- oder fachsprachlicher Bezeichnungen, die nicht in den allgemeinen deutschen Sprachgebrauch eingegangen sind, ist im Bereich der Publikumswerbung von Heilmitteln sodann nicht verboten, wenn diese Bezeichnungen in ausreichender Weise verständlich gemacht werden, was einmal durch den erläuternden Zusatz von gleichbedeutenden, deutschsprachigen Bezeichnungen geschehen kann und sich zum anderen aus dem Gesamtzusammenhang der Werbung ergeben kann (vgl. BGH GRUR 1970, S. 558, 561).

Dies gilt nur für die Publikumswerbung.

Unzulässig sind:

- *antiseptisch,*
- *Antiseptikum,*
- *Arthrose,*
- *aromatherapeutisch,*
- *balneologische Forschung (LG Traunstein vom 3.8.1967, AZ: 5 HK O 7/67),*
- *Elektro-Resektion,*
- *Stimulatoren,*
- *subaquale Darmbäder (OLG Karlsruhe, siehe oben),*
- *Wassersuchtödem (LG München II vom 02.04.1968, AZ: HK O 12/6).*
- *physikalische Therapie*
  Im Jahre 1969 urteilte das OLG Karlsruhe, daß der Begriff »Physikalische Therapie« auch eine

Die Rechtsprechung ist im Wandel.

unzulässige fachsprachliche Bezeichnung sei (Urteil vom 09.09.1969, Az.: 6 U 11/68). Dieser Richterspruch dürfte zwischenzeitlich überholt sein. Der Begriff »Physikalische Therapie« ist heute allgemein verständlich.

7.10.6 Werbung mit einer Werbeaussage, die geeignet ist, Angstgefühle hervorzurufen oder auszunutzen

Werbung, die Angstgefühle auslöst, ist unzulässig.

Erforderlich ist nicht, daß ein Vorhandensein von Angstgefühlen nachgewiesen wird. Es ist auf das Durchschnittsempfinden der angesprochenen Verkehrskreise abzustellen (OLG Stuttgart, NJW 1962, S. 2064). Angst ist der seelische Zustand, der mit dem Gefühl des Unvermögens, sich helfen zu können, einhergeht. Die hier gemeinte psychische Angst (im Gegensatz zur physischen, meist durch Krankheit ausgelöst) ist die Folge heftiger, furchterfüllter Gemütsbewegungen. Diese Gemütsbewegungen schränken die Kritikfähigkeit ein und beeinträchtigen das intellektuelle Urteilsvermögen. „Diese Begleiterscheinung der Angst ist der primäre Grund für die Schutzwürdigkeit des Verbrauchers vor einer diesen Zustand herbeiführenden oder ausnutzenden Heilmittelwerbung" (Doepner, § 11 Nr. 7 Rdnr. 10).

7.10.7 Werbung mit Eigendiagnose und dem Angebot von Behandungsmöglichkeiten und mit Fernbehandlung

§ 9 und § 11 Ziffer 10 HWG soll vor unüberlegter und verfehlter Selbstbehandlung schützen. Deshalb bestimmt die gesetzliche Regelung: „Außerhalb der Fachkreise darf für ... Verfahren, Behandlungen und Gegenstände ... nicht geworben werden mit Schriften, die dazu anleiten, bestimmte Krankheiten, Leiden, Körperschäden oder krankhafte Beschwerden ... selbst zu erkennen und mit den in der Werbung bezeichneten

Arzneimitteln, Gegenständen, Verfahren, Behandlungen oder anderen Mitteln zu behandeln." Verführt der Werbende mit seiner Werbung zur Selbstdiagnose und zur Behandlung mit den angebotenen Mitteln und Methoden, so liegt ein Verstoß gegen diese Vorschrift vor. Bietet der Werbende dem Werbeadressaten hingegen an, zu diagnostizieren und zu behandeln, ohne daß er eigene Wahrnehmungen gewonnen hat, so liegt ein verbotenes Tun gegen § 9 HWG vor. Verboten ist in beiden Fällen der Werbung: die Werbung für die Eigendiagnose und für die Fernbehandlung. Die Bezeichnung Eigendiagnose bedeutet nicht Diagnose am eigenen Körper, sondern Selbstdiagnose am eigenen oder fremden Körper. Gebrauchsanweisungen fallen nicht unter die Vorschriften, soweit sie lediglich arzneimittelrechtlich vorgeschriebene Angaben enthalten. Eine Anleitung zur Erkennung von Krankheiten etc. liegt vor, „wenn der Werbende informiert, wie sich bestimmte Krankheiten bemerkbar machen. Behandlung ist begrifflich identisch mit Therapie.

Mit Schriften, die zur Eigendiagnose und Selbstbehandlung anleiten, darf nicht geworben werden.

7.10.8 Werbung mit Preisausschreiben, Auslobungen, Verlosungen

§ 11 Nr. 13 HWG verbietet die Werbung mit Preisausschreiben, Verlosungen und anderen Verfahren, deren Ergebnis vom Zufall abhängt. Das Verbot besteht nur außerhalb der Fachkreise, so daß im Wege des Umkehrschlusses festzustellen ist, daß diese Werbemaßnahmen innerhalb der Fachkreise zulässig sind. Die für die Fachkreise ausgesetzten Preise haben den Charakter einer Werbegabe. Deshalb kann die Anwendung von § 7 HWG in Betracht kommen.

Mit Preisausschreiben, Auslobungen und Verlosungen darf nicht geworben werden.

Der Begriff „Preisausschreiben" kann mit Hilfe des Bürgerlichen Gesetzbuches definiert werden: Sie sind eine Auslobung, die dadurch gekennzeichnet ist, daß nicht bereits die Leistung den Anspruch auf eine ausgesetzte Belohnung begründet, sondern daß ein Preisrichter entscheidet, ob eine Leistung der Auslobung entspricht und welcher Bewerber den Preis erhalten soll. Eine

abc Kurbad XY-Stadt
Musterstr. 1, 80000 XY Stadt, Tel.: 00 00/11 22 33

WIR ZIEHEN UM!
Ab September 000 in noch schöneren Räumen!

abc **Kurbad XY-Stadt**
ABC-Straße 50, 80000 XY-Stadt, Tel.: 00 00/11 22 33
U-Bahn Rathaus XY-Stadt – Bus 01 und 02
Alle Kassen und Privat

- ☞ Sauna mit Schwimmbad und gemütlicher Stube
  neu – Römische Dampfbäder – **neu**
- ☞ Moor – Schlamm – Pystian – Fango – Parafin-Packungen
- ☞ Alle med. Bäder – Unterwassermassage – Stangerbad – Darmbad
- ☞ Heil- und Sportmassagen – Bindegewebsmassagen – Kosmetik
- ☞ Rückenschule
- ☞ Chirogymnastik
- ☞ Cellulite- und Migränebehandlungen
- ☞ Sport-Studio

**Wir freuen uns auf Ihren Besuch in den neuen Räumen
Das Ihnen seit 10 Jahren bekannte freundliche Team**

Los zur Eröffnung   NR.   *111222*

Bei Abgabe dieses Loses in unseren
neuen Geschäftsräumen nehmen Sie
an unserer Eröffnungsverlosung teil.

1. + 2. Preis	1 Jahresabo Dampfbad
3., 4. + 5. Preis	1/2 Jahresabo Sport-Studio
6. – 10. Preis	1/4 Jahresabo Kosmetik
11. + 12. Preis	1 Ganzmassage oder 1 Kurs Rückenschule

Bitte hier Ihre Adresse angeben, damit wir Sie bei Gewinn benachrichtigen können. Die Ziehung erfolgt unter Ausschluß des Rechtsweges.

Auslobung liegt vor, wenn die Vornahme einer Handlung, insbesondere für die Herbeiführung eines Erfolges, eine Belohnung durch öffentliche Bekanntmachung ausgesetzt wird (§ 657 I BGB). Es ist erforderlich, daß der Teilnehmer eine, wenn auch noch so einfache Leistung erbringt. Anderenfalls kann eine Verlosung im Sinne von § 11 Ziffer 13 HWG vorliegen.

Das Gesetz findet nur Anwendung, wenn Werbung und Preisausschreiben in einem sachlichen Zusammenhang stehen. Gleiches gilt für Verlosungen oder andere Verfahren, deren Ergebnis vom Zufall abhängt. Es darf also keine Verlosung stattfinden, deren Gewinner eine kostenlose Massage erhält. Ebenso wenig darf die Massage die Lösung eines Preisausschreibens sein.

Das gilt nur im Zusammenhang mit Absatzwerbung.

Bei Verlosungen entscheidet nach einem vom Veranstalter festgelegten Spielplan das Los, wer den in Aussicht gestellten Preis erhält. Es hängt vom Zufall ab, wer den Preis bekommt (Bernhard, S. 78).

Im Falle von sonstigen Verfahren, deren Ergebnis vom Zufall abhängig ist, kommt es nach herrschender Meinung darauf an, daß der Kausalverlauf überwiegend nicht durch die Teilnehmer des Verfahrens bestimmt werden kann (RGSt 60, S. 250, BGHSt. 239). Es kann also festgestellt werden, daß der Gesetzgeber durch die gesetzliche Regelung jegliches Ausnutzen des Spieltriebes des Publikums durch die Werbung für Heilmittel unterbindet. Denn der von einer Gewinnlust geleitete Verbraucher orientiert sich nicht mehr an sachlichen und nüchternen Kriterien, wie dies der Fall sein sollte.

Der Spieltrieb darf zu Werbezwecken nicht eingeplant werden.

7.10.9 Sonstige Werbeverbote

Für die angesprochenen Fachkreise kommen einige weitere Werbeverbote bei Veröffentlichungen kaum zum Tragen. Nur der Vollständigkeit halber werden sie kurz dargestellt:

- Werbung durch Werbevorträge, mit denen ein Feilbieten oder eine Entgegennahme von Anschriften verbunden ist, ist nicht statthaft,
- Werbung mit Hauszeitschriften, deren Werbezweck mißverständlich oder nicht deutlich erkennbar ist, ist unzulässig.

7.11 Werbung mit bildlicher Darstellung

Bildliche Darstellungen haben meist einen intensiveren Einfluß auf den Betrachter gegenüber dem geschriebenen Wort, sofern sie auf Personen wirken, die sich durch bestimmte Umstände für solche Einflüsse öffnen. Dem hat der Gesetzgeber im Heilmittelwerberecht Rechnung getragen. Die nachfolgend aufgeführten Verbote gelten nur für die Publikumswerbung, nicht für die Werbung in Fachkreisen.

7.11.1 Personen in Berufskleidung oder bei der Ausübung von Tätigkeiten der Angehörigen der Heilberufe

Das am häufigsten verletzte Werbeverbot: Werbung mit der bildlichen Darstellung ...

Es ist unzulässig, mit der bildlichen Darstellung in der Berufskleidung oder bei der Ausübung der Berufstätigkeit von Angehörigen der Heilberufe zu werben (§ 11 Ziffer 4 HWG). Es geschieht häufig, daß Therapeuten bzw. Zentren, in denen auch Heilmittel angeboten werden, wie Sanatorien oder Reha-Zentren, mit der Abbildung eines Therapeuten innerhalb einer Anzeige werben.

... Heilpersonen (med. Fachberufe) in Berufskleidung und ...

§ 11 Ziffer 4 HWG wurde in das Gesetz aufgenommen, weil durch die Abbildung von Personen der Heilberufe im Zusammenhang mit der Bewerbung eines Heilmittels der in solchen Fällen leicht auftretende Eindruck verhindert werden sollte, daß dieses Heilmittel fachlich empfohlen, geprüft und angewendet sei. Insoweit stellt

§ 11 Nr. 4 eine Ergänzung zu § 11 Nr. 2 dar (Doepner, § 11 Nr. 4 Rdnr. 1). Denn gerade mit Abbildungen der Personen der Heilberufe in Berufskleidung („Götter in Weiß"), wird ein besonderer Einfluß auf medizinische Laien ausgeübt.

Es ist nicht erforderlich, daß die in Berufskleidung oder bei der Berufsausübung bildlich dargestellte Person tatsächlich einer der in § 11 Nr. 4 genannten Berufsgruppen angehört, wenn nur der entsprechende Eindruck erweckt wird. Es reicht somit also aus, daß sich eine Person in die entsprechende Berufskleidung hüllt und der Betrachter diese Person für einen Angehörigen der Heilberufe hält.

... von solchen Personen bei beruflicher Betätigung.

Da jedoch beim Betrachter der Eindruck erweckt werden soll, daß die abgebildete Person tatsächlich ein Träger der Heilberufe ist, sind die Voraussetzungen des § 11 Nr. 4 nur dann nicht erfüllt, wenn es sich z. B. um einen allseits bekannten Schauspieler handelt, der in ärztlicher Berufskleidung abgebildet wird.

Da Masseure und med. Bademeister, Physiotherapeuten/ Krankengymnasten, Logopäden, Ergotherapeuten, Sporttherapeuten und Heilpraktiker Angehörige der Heilberufe sind, ist auch ihre bildliche Darstellung hiermit gemäß § 11 Nr. 4 HWG verboten.

Je mehr berufliche Accessoires im Bild dargestellt sind, desto weniger muß die Kleidung Berufskleidung sein.

Dagegen können Witzfiguren zu Werbeillustrationen benutzt werden, da von ihnen keine fachliche Autorität ausgeht.

Unter Berufskleidung ist eine typischerweise bei der Ausübung des Berufs getragene Kleidung zu verstehen, d. h. eine Kleidung, in der die angesprochenen Verkehrskreise allein oder ggf. in Zusammenhang mit anderen Umständen die Berufszugehörigkeit der abgebildeten Personen erkennen können. Es muß sich nicht tatsächlich um die Berufskleidung eines Angehörigen der in § 11 Nr. 4 genannten Berufe handeln, entscheidend ist allein, ob nach dem Gesamteindruck einem nicht unbeachtlichen Teil der angesprochenen Verkehrskreise ein entsprechender Eindruck vermittelt wird (BGH GRUR

XY-Praxis
Mustermann

verboten!

XY-Praxis
Mustermann

verboten!

XY-Praxis
Mustermann

erlaubt

XY-Praxis
Mustermann

erlaubt

XY-Praxis
Mustermann

erlaubt

XY-Praxis
Mustermann

erlaubt

Musterhausener Anzeiger

Stadtteilanzeiger für Musterstadt-West, -Ost,
ABC-Stadt und XYhausen

Herausgeber:
XY GmbH, Bahnhofstr. 1, 80000 Musterhausen 12. Dezember 1995

NEU   NEU   NEU   NEU

NEU   NEU   NEU   NEU

**Medizinisches Kurbad •
Sauna ABC-Stadt**

F. H. Mustermann   Physiotherapeut
Musterstr. 1   80000 Musterhausen

Alle Heil- und Sportmassagen
Alle med. Bäder und Packungen
Unterwassermassagen
Stangerbäder

Medizinische Sauna
Römisches Dampfbad
kl. Schwimmbad / Garten
Bauernstube mit Getränken

Seit dem 01.12.95 gibt es in der Musterstadt ein neues Medizinisches Kurbad und Sauna in der Musterstraße. Staatl. geprüfte Physiotherapeuten und Masseure kümmern sich dort um Ihre Behandlung.

Folgende Therapien werden dort angeboten:
– Bewegungstherapie
– Lymphdrainage
– Bindegewebsmassage
und vieles mehr.

Auf Ihren Besuch freuen sich F. H. Mustermann
und seine Mitarbeiter

Neueröffnung:

Sauna- und Massage-Praxis Maria Musterfrau in ABC-Stadt:

Hier kommt man ganz schön ins Schwitzen

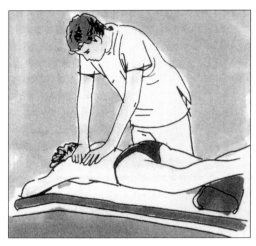

Mit einem Tag der offenen Tür hat Maria Musterfrau am 01. November in ABC-Stadt, Musterstraße 1, in neuen und größeren Räumlichkeiten ihre Sauna- und Massagepraxis eröffnet. War die gelernte Masseurin, medizinische Bademeisterin und Lymphdrainage-Therapeutin schon seit Jahren einem großen Kundenstamm in ihrer bisherigen Praxis als ausgezeichnete Masseurin und Therapeutin bekannt, bietet sie ihren Kunden im neuen Haus jetzt neben Massagen und Sonnenbank auch schweißtreibende Stunden in der Sauna. Maria Musterfrau bietet dem gesundheitsbewußten Menschen eine original finnische Blockbohlensauna und ein irisch-römisches Dampfbad an. Sauna und Dampfbad sind an vier Tagen in der Woche von 14.00 bis 22.00 Uhr geöffnet, jeweils am Dienstag und Donnerstag für Frauen und am Mittwoch für Männer. Bei den Massagen ist die Lymphdrainage der Schwerpunkt ihrer Therapie, die aber auch Fango, Bewegungstherapie und Bindegewebsmassagen umfaßt. Der engagierten und sympathischen Therapeutin stehen mit Franz Mustermann und Elisabeth Muster zwei Mitarbeiter zur Verfügung. Geöffnet ist die Praxis täglich von 8.00 bis 20.00 Uhr und nur während der Mittagszeit von 12.00 bis 14.00 Uhr geschlossen. Verschiedene Firmen – Fliesenhaus XY, Sanitär ABC, Gips und Verputz Beispiel – haben mit ihren Arbeiten dazu beigetragen, daß in Musterhausen ein modernes Studio für Gesundheitsbewußte zur Verfügung steht.

Neueröffnung

Sauna- und Massagepraxis

Maria Musterfrau

Musterstr. 1
ABC-Stadt
Tel.: 00 00/11 22

In unseren neugestalteten Räumen erhalten Sie auch weiterhin:

- Lymphdrainage
- Massagen
- Bindegewebsmassagen
- Heißluftbehandlung
- Fangopackungen
- Bewegungstherapie
- Eisbehandlungen

NEU

- Original Finnische Blockbohlensauna
- Irisch-Römisches Dampfbad
- Sonnenbank

Öffnungszeiten:
Massage- Mo.–Fr. 8.00–12.00 Uhr
praxis: 14.00–20.00 Uhr
Sauna:
Di./Do. Frauen 14.00–22.00 Uhr
Mi./Fr. Männer 14.00–22.00 Uhr

verboten!

1970, S. 558, 560). Zur typischen Berufskleidung gehört vor allem bei Ärzten der weiße Kittel bzw. bei den Heilmittelanbietern und Heilpraktikern die weiße Kleidung, wobei dieser Eindruck umso eher vermittelt wird, je mehr bewußt typische Umstände mit abgebildet werden, wie z. B. der Praxisraum oder verschiedene Geräte aus der Medizin. In einem Fall, in dem ein vollständig eingerichteter Praxisraum einer physikalischen Therapie abgebildet wird und darin eine Person, z. B. auch in Sportkleidung, agiert, kann ebenfalls der Eindruck erweckt werden, daß es sich hierbei um einen Angehörigen der Heilberufe handle. Eine solche Entscheidung muß jedoch vom Einzelfall abhängig gemacht werden.

Bei viel Praxishintergrund reicht für den Physiotherapeuten auch schon Sportkleidung.

Ein Verstoß liegt in der Abbildung einer Person bei der Ausübung der beruflichen Tätigkeit vor. Es ist nicht erforderlich, daß die abgebildete Person als eine bestimmte Person mit Namen, Anschrift oder beruflichem Wirkungsfeld erkannt werden kann. Wesentlich für die Erfüllung des gesetzlichen Tatbestandes ist, daß der Eindruck entsteht: das ist ein Ergotherapeut oder das ist ein Sporttherapeut bei der Arbeit. Nicht nur abgebildete Personen fallen unter das Werbeverbot. Erfaßt werden gleichermaßen Graphiken, Karikaturen bis hin zum Strichmännchen, wie es bei olympischen Symbolen Verwendung findet.

Karikaturen und Strichmännchen reichen zur Tatbestandsverwirklichung.

7.11.2 Werbung durch bildliche Darstellung von körperlichen Veränderungen

§ 11 Ziffer 5 verbietet die Werbung mit bildlicher Darstellung von Veränderungen des menschlichen Körpers durch Krankheiten, Leiden und Schäden. Zur bildlichen Darstellung im Sinne dieses Gesetzes zählen nicht nur realistische Abbildungen, sondern auch schematisierende oder stilisierende Darstellungen (ebenso Landgericht Konstanz, Urteil vom 20.12.1968, AZ; HO 332/68).

Mit der bildlichen Darstellung von Veränderungen des Körpers durch Krankheit darf nicht geworben werden.

Abstrakte Darstellungen fallen dagegen nicht unter das Gesetz, nachdem dadurch den angesprochenen Personen kein Vergleich des eigenen Krankheitszustandes mit den beschriebenen Krankheiten ermöglicht wird.

Mit dem Körper und Körperteilen darf nicht geworben werden. Körperbestandteile werden nicht von § 11 Nr. 5 a HWG erfaßt, wie z. B. Blut oder Hormone oder Stoffwechsel-Produkte.

Das gilt nur für Publikumswerbung.

Als Veränderung im Sinne der gesetzlichen Vorschrift sind gesundheitliche Abweichungen anzusehen. Zulässig ist es, sowohl gesunde Menschen abzubilden, als auch kranke Menschen, bei denen man keine Veränderung des Aussehens infolge Krankheit sieht. So kann z. B. mit gesund aussehenden Menschen geworben werden, die im Krankenbett oder beim Fiebermessen aufgenommen sind oder die z. B. eine Übung der physikalischen Therapie durchführen.

Es gilt auch nicht bei Veränderungen durch krankhafte Beschwerden.

Üblicherweise werden die Begriffe „Krankheiten, Leiden, Körperschäden oder krankhafte Beschwerden" im Gesetzestext immer zusammen genannt. Jeder dieser Begriffe ist definiert: „Krankheit" ist jede, also eine auch nur unerhebliche oder vorübergehende Störung der normalen Beschaffenheit oder der normalen Tätigkeit des Körpers, die geheilt, d. h. beseitigt oder geändert werden kann (BGHZ 44, 208 ff.). „Leiden" sind schwere, meist irreparable funktionsgestörte Körperzustände, „Körperschäden" werden gekennzeichnet durch ihre Irreparabilität. „Krankhafte Beschwerden" sind Erscheinungsformen oder Zustände, die noch keinen Krankheitswert erreichen, aber doch als normalabweichend anzusehen sind. In § 11 Nr. 5a fehlt der Begriff „krankhafte Beschwerden". Man geht davon aus, daß Publikumswerbung mit bildlichen Darstellungen von Veränderungen durch krankhafte Beschwerden zulässig ist. Doepner (Heilmittelwerbegesetz § 11 Nr. 5a Rdnr. 9) hält daher die bildliche Darstellung von Sonnenbrand, Hühneraugen, Rasierschäden und sonstigen Bagatellerkrankungen für zulässig.

7.11.3 Werbung durch vergleichende bildliche Darstellung

§ 11 Ziffer 5 HWG untersagt die vergleichende Werbung des Körperzustandes vor und nach der Anwendung eines Verfahrens oder einer Behandlung. Der Zustand vor und nach der Behandlung kann in besonders schlimmer bzw. besonders vorteilhafter Weise dargestellt werden. Das kann zu einer erheblichen Irreführung führen. Es kann dem Werbeadressaten vorgespiegelt werden, daß der Erfolg der Behandlung, für die geworben ist, besonders groß ist, da auch z. B. bildliche Veränderungen in der Werbung besonders stark dargestellt werden.

Vorher-Nachher Darstellungen sind unzulässig.

Die Abbildung des Körperzustandes vor und nach der Anwendung liegt vor, wenn äußere oder innere Eigenschaften des menschlichen Körpers, gleichgültig, ob sie dauernder oder vorübergehender Natur sind, zunächst in einem erkrankten (vor) und dann einem positiv ver-

vorher

nachher

vorher   nachher

Das gilt nur für Publikumswerbung. änderten, i. d. R. gesunden Zustand (danach) abgebildet werden. Unzulässig ist hiernach beispielsweise die Abbildung einer Glatze vor Anwendung eines Haarwuchsmittels und eines behaarten Kopfes nach Anwendung desselben (Landgericht Nürnberg-Fürth, SRA X S. 257, Landgericht Hagen, Beschluß vom 29.0.1969, AZ: 11 HO 13/69) oder die fotografische Wiedergabe weiblicher Brüste oder einer Nase jeweils vor und nach einer chirurgisch-plastischen Operation (Landgericht Konstanz, Beschluß vom 08.12.1967, AZ; 2 HO 106/77).

Nach der herrschenden Meinung ist es nicht erforderlich, daß beide Abbildungen den Körperzustand der gleichen Person zeigen (umstritten).

Um jedoch in keine Gefahr einer unzulässigen Werbung durch bildliche Darstellung zu geraten, kann empfohlen werden, von einem Vorher- und Nachher-Vergleich auch mit verschiedenen Personen in Bildform abzusehen.

7.11.4 Werbung durch bildliche Darstellung des Wirkungsvorganges

Nach § 11 Ziffer 5 HWG ist die bildliche Darstellung des Wirkungsvorganges einer Behandlung, eines Verfahrens oder Gegenstandes zu Werbezwecken verboten. Nachdem die Wirkung eines Heilmittels teilweise nur schwer darstellbar ist, wird in vielen solchen Fällen auch gleichzeitig ein im vorigen Abschnitt beschriebener Fall vorliegen. Ein solcher Wirkungsvorgang eines Heilmittels wird bildlich dargestellt, wenn aufgezeigt wird, wo und wie das Heilmittel seine angebliche Wirkung entfaltet (vgl. Bernhard, S. 70).

Werbung mit bildlicher Darstellung eines Wirkungsvorganges ist unzulässig.

Hierunter fällt nicht die bildliche Darstellung der Anwendung eines Heilmittels, dies verstößt nicht gegen § 11 Nr. 5 c. „Eine solche Darstellung gibt nur die Benutzungshinweise bekannt, nicht aber den Zusammenhang von Ursache und Wirkung" (Kleist-Albrecht-Hofmann, § 11 Rdnr. 27). Eine Darstellung der Art der Anwendung kann schon deshalb notwendig sein, um Anwendungsfehler bei den Benutzern hinsichtlich eines Heilgegenstandes zu vermeiden.

Das gilt nur für Publikumswerbung ...

Auch die Abbildung von Wirkungsvorgängen, die sich im Körper bzw. in Körperteilen abspielen, ist unzulässig. „Dies deshalb, da ohne Demonstration am Körper bzw. an den Körperteilen eine Wirkung im Körper bzw. in Körperteilen nicht darstellbar ist" (Kleist-Albrecht-Hofmann, § 11 Rdnr. 26).

... und nicht für Benutzungshinweise.

7.12 Werbung durch eigene unrichtige bzw. irreführende Äußerungen

Werbung gerät am leichtesten aus dem legalen Bereich, wenn sie irreführend ist. Irreführend bezeichnet der Gesetzgeber des Heilmittelwerbegesetzes eine Werbung,

1. wenn Arzneimitteln, Verfahren, Behandlungen, Gegenständen und anderen Mitteln eine therapeutische Wirksamkeit oder Wirkung beigelegt wird, die sie nicht haben,
2. wenn fälschlich der Eindruck erweckt wird, daß
   a) ein Erfolg mit Sicherheit erwartet werden kann,
   b) bei bestimmungsgemäßem oder längerem Gebrauch keine schädlichen Wirkungen eintreten,
   c) die Werbung nicht zu Zwecken des Wettbewerbs veranstaltet wird,
3. wenn unwahre oder zur Täuschung geeignete Angaben
   a) über die Zusammensetzung oder Beschaffenheit von Arzneimitteln, Gegenständen und anderen Mitteln oder über die Art und Weise der Verfahren oder Behandlungen oder
   b) über die Person, Vorbildung, Befähigung oder Erfolge des Herstellers, Erfinders oder für sie tätigen oder tätig gewesenen Personen gemacht werden.

Viele Werbeaussagen entstammen dem Wunsch, auf Praxisbesonderheiten oder besondere Qualifikation des Praxisinhabers hinzuweisen. Hierbei kommt es oft zu Äußerungen, die über das nachprüfbare Maß der tatsächlichen Wirksamkeit hinausgehen oder Therapieformen benennen, die der ärztlichen Betätigung vorbehalten sind oder auf eine Qualifikation des Werbetreibenden hinweisen, die in der angepriesenen Form nicht besteht.

7.12.1 mit irreführenden Aussagen über die Wirksamkeit

Häufig zielt eine Werbung darauf, den therapeutischen Erfolg eines Verfahrens mitzuteilen. Dies geschieht oft in sehr allgemeiner Form. Die vom Gesetzgeber geforderte Differenzierung unterbleibt, und hierdurch wird eine Werbeaussage irreführend. Wer für Maßnahmen gegen „Durchblutungsstörungen" wirbt, wirbt unzulässig. Dies begründet das Oberlandesgericht Hamburg

(Urteil vom 19.10.1978, AZ: 3 U 113/78) damit, daß die Angabe „Durchblutungsstörungen auf Ursachen sowohl organischer als auch funktioneller Natur zurückzuführen seien und daß es entsprechend den strengen Anforderungen, die generell an eine Gesundheitswerbung zu stellen seien ... dringend erforderlich (ist) zur Abgrenzung zwischen nur funktionellen und organischen Krankheiten den Bestimmungszweck eines Heilmittels klar und unverständlich anzugeben". Oft begegnen einem Werbeaussagen über Methoden, die jedenfalls von der Schulmedizin zu wissenschaftlich umstrittenen Außenseitermethoden gezählt werden. Mancher Therapeut schwört zwar auf eine solche von ihm erlernte Methode und apostrophiert sie als wirkungsvoll. Solche Aussagen sind nahezu immer irreführend und wettbewerbswidrig. Wer Außenseitermethoden anpreist, sollte es bei der Benennung dieser Methode bewenden lassen und auf eine Beschreibung weitgehend verzichten.

7.12.2 mit irreführender Aussage über sicheren Erfolgseintritt

Die bloße Aussage, ein Heilmittel helfe, kann bereits irreführende Werbung sein, wenn hierdurch der Eindruck erweckt wird, dass diese Hilfe in allen Anwendungsfällen zu erwarten sei. Die Aussage „Migräne – unbeschwert in den Tag" ist eine solche irreführende Werbung, weil durch die Ankündigung „unbeschwert" die uneingeschränkte Zusage der Beschwerdefreiheit und damit der Anschein des sicheren Erfolges vermittelt wird (Landgericht Berlin, Urteil vom 05.05.1988, AZ: 27 O 201/88).

7.12.3 mit berufsfremden Therapieformen

Physikalische Therapie oder Sporttherapie kann den Gesundheitszustand des Patienten erheblich verbessern und auch zu einer Schmerzfreiheit führen. Dennoch sollten Physiotherapeuten oder Sporttherapeuten darauf verzichten, „Schmerzbeseitigung" oder „Schmerztherapie" anzubieten, weil diese Therapieformen zum ärztlichen Kurierbereich gehören und von der Wettbewerbsrechtsprechung den Mitgliedern der medizinischen Fachberufe nur als Folge einer ärztlich diagnostizierten Erkrankung und ärztlich verordneten Behandlung zugeschrieben werden. „Schmerztherapie" ist eine ärztliche Leistung, für die die Mitglieder der medizinischen Fachberufe keine Werbung betreiben dürfen. Der Arzt erkennt eine Krankheit, deren Auftreten mit Schmerzen verbunden ist. Er weiß, mit welcher vom Therapeuten auszuführenden Behandlung dieser Schmerz beseitigt werden kann und verordnet die Behandlung. Wenn der Therapeut die Behandlung ausführt und hieraufhin Schmerzfreiheit eintritt, dann ist die zu diesem Erfolg führende Behandlung des Patienten in erster Linie dem Arzt als Verdienst zuzurechnen, der den Erfolg der Schmerzfreiheit durch richtiges Erkennen der Krankheitsursachen und richtiges Verordnen der diese Ursachen beseitigender Maßnahmen angeordnet hat. Die Qualität des Therapeuten bestand in der hierzu als Mittel eingesetzten Massage oder Krankengymnastik. Hierfür darf er daher werben, nicht jedoch für die Schmerztherapie, die umfassend in die Hände des Arztes gelegt ist (OLG Karlsruhe, Urteil vom 23.06.1999, AZ: 6 U 75/99).

7.12.4 mit irreführenden Berufs- oder Zusatzbezeichnungen

Die Berufsausbildung von Mitgliedern der medizinischen Fachberufe endet praktisch nie. Ist das staatliche Examen oder die Universitäts-Abschlußprüfung bestanden, so reiht sich – zumindest bei vielen Berufsträgern – Fortbildung an Fortbildung. Ausbildungsziele verzichten sogar auf Ausbildungsinhalte und lassen diese Gegenstand berufsbegleitender Fachqualifikation sein. In der Tat ist es so, daß manche Fortbildung dem Nachqualifizierten erst wichtige Therapiemöglichkeiten erschließt und damit auch neue wirtschaftliche Aspekte für die Praxis eröffnet. Beim Arztberuf führen diese Qualifikationsmaßnahmen zu Facharztbezeichnungen und Zusatzbezeichnungen. Die Facharztbezeichnung ist geschützt und die mit der Bezeichnung genannte Tätigkeit dem Qualifikationsträger vorbehalten. Bei den Mitgliedern der medizinischen Fachberufe ist die Berufsbezeichnung, nicht jedoch die berufliche Betätigung zugunsten des jeweiligen Berufsträgers geschützt. Daher sind staatliche Fachgebietsbezeichnungen oder Zusatzbezeichnungen diesen Berufen fremd. Es werden meist von Fortbildungsträgern selbst gewählte oder auch eingeführte Therapiebezeichnungen geführt. Therapeuten mit abgeschlossener Fortbildung in einem über die beruflichen Ausbildungsinhalte hinausgehenden Fach möchten verständlicherweise diese Zusatzqualifikation gleichzeitig mit der Berufsbezeichnung vorstellen. Deshalb nennen sich Personen beispielsweise „Lymphdrainagetherapeut". Solche „Zusatzbezeichnungen" als Qualifikationsbegriffe des Berufsträgers sollten unterbleiben. Sie sind geeignet, den Eindruck zu vermitteln, als sei die eigentliche berufliche Qualifikation nicht die Krankengymnastik oder die Massage, sondern gerade der Gegenstand der offenbarten Zusatzbezeichnung. Es empfiehlt sich, die zusätzlich erlernte Therapieform mit ihrer Sachbezeichnung mitzuteilen, also im vorstehend gewählten Beispiel: „Manuelle Lymphdrainage". Aufgrund des Schutzes der Berufsbezeichnung darf sich natürlich nur derjenige, der den Beruf als Logopäde, Ergotherapeut, Physiotherapeut oder Masseur und med. Bademeister erlernt hat, so bezeichnen. Wettbewerbsrechtlich wird es als irreführend angesehen werden, wenn Personen mit der Tätigkeit eines anderen Berufsfeldes werben als sie erlernt haben. Die Abgabe von Krankengymnastik und der werbende Hinweis auf diese Leistung ist einem Masseur und med. Bademeister jedoch trotz einer möglichen Irreführungsgefahr hinsichtlich der durchlaufenen Ausbildung jedenfalls dann nicht versagt, wenn er von den Krankenkassen zur Erbringung krankengymnastischer Leistungen zugelassen worden ist (OLG Karlsruhe, Urteil vom 10.10.1990, AZ: 6 U 88/90), wenn es ihm auf diese Art nicht versagt ist, Krankengymnastik anzubieten, so darf er sich doch nicht

Krankengymnast bezeichnen. Ohne die Erlaubnis zur Erbringung dieser Leistung durch die gesetzlichen Krankenkassen wird der Hinweis auf die krankengymnastische Leistungsabgabe im Zusammenhang mit der Angabe der eigenen Berufsbezeichnung zu gestatten sein, wenn in der Praxis durch mitarbeitende Krankengymnasten das Angebot einer solchen Leistung gesichert ist.

7.13 Werbung durch Äußerungen Dritter

§ 11 Ziffer 11 HWG untersagt die Werbung mit Äußerungen Dritter. Diese Vorschrift will der abstrakten Gefahr der irreführenden Werbung entgegenwirken. Die Gefahr einer Publikumswerbung mit Mitteilung der Erfahrungen von Leidensgenossen ist besonders groß (OLG Hamburg, Pharmarecht, 5/79, S. 42, 43). Die Werbung mit Äußerungen Dritter zeichnet sich durch eine besondere Überzeugungskraft aus. Diese besondere Werbewirksamkeit ergibt sich u. a. daraus, daß scheinbar neutrale, objektive Dritte das Heilmittel positiv bewerten und nicht allein der Hersteller und sonstige am Absatz des Heilmittels wirtschaftlich interessierte Personenkreise (Landgericht Hamburg, Urteil vom 15.09.1975, AZ: 15 O 571/75).

Wegen der entstehenden Überzeugung ist Werbung mit Äußerung Dritter unzulässig.

Die Erfahrung zeigt, daß nicht selten von der Wissenschaft abgelehnte Heilmittel besonders intensiv mit nicht fachlichen Äußerungen Dritter beworben werden, um dem Verbraucher zu suggerieren, daß sich das Heilmittel in der Praxis als besonders wirksam erwiesen habe (OLG Hamburg, Beschluß vom 03.11.1977, AZ: 3 W 172/77). Wenn auf die Werbung Dritter hin ein Arzt aufgesucht wird, so ist die Gefahr nicht auszuschließen, daß auf den Arzt Verschreibungsdruck dahingehend ausgeübt wird, gerade das in der Werbung von dem Leidensgenossen als besonders erfolgreich dargestellte Heilmittel im vorliegenden Fall zu verschreiben.

Das gilt nur für Publikumswerbung.

Als Äußerungen Dritter können Äußerungen bezeichnet werden, die nicht vom Werbenden selbst abgegeben werden. Ob der Dritte, von dem die in der Werbung wiedergegebene Äußerung angeblich stammt, tatsächlich existiert, ist unerheblich (vgl. Landgericht Hamburg, Urteil vom 17.09.1975; AZ: 15 O 571/75). Dabei können Dritte sowohl Einzelpersonen, als auch ganze Personengruppen sein.

Ob der Dritte existiert, ist ohne Bedeutung.

Vorsicht ist auch bei Werbetexten in der „Ich- oder Wir-Form" geboten. Diese können dann als Äußerungen Dritter im Sinne von § 11 Nr. 11 HWG bezeichnet werden, wenn sie von einem nicht unerheblichen Teil der Angesprochenen als eigene Meinungsäußerung bestimmter, individualisierbarer Personen angesehen werden, etwa durch direkte Rede unter Hinzufügung eines Lichtbildes (Landgericht Hamburg, Beschluß vom 15.04.1960, AZ; 15 O 127/60).

§ 11 Nr. 11 HWG verbietet nicht nur Äußerungen Dritter durch das geschriebene Wort. „Auch mündliche Äußerungen, wie etwa Vertretererklärungen, Äußerungen auf Tonbändern oder Schallplatten, am Telefon oder in Tonbildschauen, im Rundfunk oder Fernsehen, werden von § 11 Nr. 11 erfaßt (Doepner, Heilmittelwerbegesetz, § 11 Nr. 11 Rdnr. 15). Erfaßt von § 11 Nr. 11 HWG sind nicht nur Äußerungen über die Wirksamkeit, sondern auch über die Verträglichkeit, Nebenwirkungen etc.

Nur positive Äußerungen werden erfaßt.

7.13.1 mit Dank- und Anerkennungsschreiben

Dankschreiben sind Schreiben von Personen, die das geworbene Heilmittel entweder selbst ausprobiert haben, oder bei denen es angewandt wurde, und die ihre Dankbarkeit über die positive Wirkung zum Ausdruck bringen wollen. In Anerkennungsschreiben wird mitgeteilt, daß das Heilmittel die besondere Wertschätzung des Schreibenden genießt (Bernhard, S. 76).

Werbung mit Dankschreiben ist nicht zulässig.

Empfehlungsschreiben schlagen dem Adressaten vor, das positiv beurteilte Heilmittel selbst zu versuchen (Doepner, a.a.O., Rdnr. 19).

Das gilt nur für Publikumswerbung.

Gleiches gilt für Anerkennungsschreiben. Mit Hinweisen auf Äußerungen Dritter wird geworben, wenn in der entsprechenden Werbung berichtet wird, daß sich ein Dritter positiv über das Heilmittel geäußert hat, für das Werbung gemacht wird.

7.13.2 Werbung durch Gutachten und Zeugnisse Dritter

Publikumswerbung durch Gutachten ist unzulässig. Äußerungen Dritter sind auch zitierte oder wiedergegebene Gutachten und Zeugnisse. Hier wird der Zweck verfolgt, die lobende Äußerung einer anderen, meist wirtschaftlich am angesprochenen Produkt oder der empfohlenen Leistung nicht interessierten Person mit möglichst hoher Fachautorität zu Wort kommen zu lassen. Je qualifizierter die Person, desto sicherer ist der Werbeerfolg. Im Heilwesen muß einer solchen Werbemöglichkeit außerhalb der Fachkreise vorgebeugt werden. Eine unseriöse Werbung könnte fatale Folgen haben. Deshalb hat der Gesetzgeber die Publikumswerbung durch Gutachten und Zeugnisse untersagt. Auch Hinweise auf Gutachten und Zeugnisse sind nicht erlaubt (siehe im übrigen Kapitel 7.10.1).

7.13.3 Werbung mit fachlichen Empfehlungen Dritter

Fachliche Empfehlungen bewirken dasselbe wie Gutachten und empfehlende Zeugnisse. Deshalb sind solche Empfehlungen durch § 11 Ziffer 11 verboten. Dabei ist es gleichgültig, ob der Dritte individualisierbar ist oder nicht (siehe im übrigen Kapitel 7.10.3).

7.13.4 Beispiele unzulässiger Werbung mit Äußerungen Dritter

– Kunden schreiben: Wir sind zufrieden.
– Sportler von Rang sind erfreut,

- Natürlich sind das nur einige der uns vorliegenden Dankschreiben,
- Werbung für ein Elektrotherapiegerät mit den Angaben: „So lauten Aussagen von Personen, die sich von der Elektrotherapie mit ... überzeugen ließen" und nachfolgende Texte (LG Konstanz vom 15.03.1978, AZ: 1 HO 19/78),
- Ich habe die Bestätigung von vielen Menschen,
- Auch Sie sollen – wie viele meiner Patienten – bald schmerzfrei sein,
- Sie gehören bald zu unseren zufriedenen Patienten,
- überall im Inland und Ausland spricht man über ... (LG Hamburg vom 01.09.1977, AZ: 15 O 671/779)

7.14 Werbung bei bestimmten Krankheiten

Das Heilmittelwerbegesetz untersagt im § 12 Publikumswerbung für Arzneimittel, soweit sich die Werbung auf die Erkennung, Verhütung, Beseitigung oder Linderung von Krankheiten bezieht. Werbung für andere Mittel, Verfahren oder Gegenstände dürfen sich ebenso nicht auf die Erkennung, Beseitigung oder Linderung dieser Krankheit beziehen. Die Erkrankungen sind in einer Anlage zu § 12 HWG genannt und im Kapitel 4.5.2 wiedergegeben. Ausgenommen von Werbeverbot für andere Mittel, Verfahren, Behandlungen oder Gegenstände sind Heilbäder, Kurorte und Kuranstalten. Für Arzneimittel darf jedoch auch von diesen Stellen aus nicht geworben werden. Der hier zitierte gesetzliche Tatbestand verbietet also bei gewissen Krankheiten oder Leiden die Werbung für Arzneimittel, Verfahren und Behandlungen sowie Gegenstände, die sich auf die Erkennung, Verhütung, Beseitigung oder Linderung dieser Krankheiten bezieht und möchte damit einem möglichen Wunsch nach Selbstbehandlung entgegentreten. Von der Werbung nicht betroffen sind Heilbäder, Kurorte und Kuranstalten jedoch nur,

Werbung für Verfahren, die sich auf die Verhütung, Beseitigung oder Linderung bestimmter Krankheiten bezieht, ist unzulässig ...

... nicht jedoch in Kurorten/Heilbädern und Kuranstalten.	soweit die Werbung sich auf Mittel, Verfahren, Behandlungen und Gegenstände bezieht. Erfaßt werden alle Formen der Werbung durch Wort, Bild, Ton, bildliche Darstellungen und Skizzen. Die Begriffe Mittel, Verfahren, Behandlungen und Gegenstände umfassen Kuren, physikalisch-therapeutische Anwendungen, logopädische und ergotherapeutische Maßnahmen. Das Verbot jeglicher krankheitsbezogener Werbung, unabhängig von ihrem Wahrheitsgehalt, ist ein Eingriff in das verfassungsmäßig geschützte Berufsausübungsrecht, der nur sanktioniert wird durch den Schutz eines höherwertigen Rechtsgutes, der Volksgesundheit.
... und nur als Publikumswerbung.	

Die katalogisch aufgeführten Krankheiten umfassen:

– Krankheiten nach § 3 Abs. 1, § 3 Abs. 2, § 3 Abs. 3 Bundesseuchengesetz,
– die Geschwulstkrankheiten mit allen bös- und gutartigen Neubildungen der Lippe, der Mundhöhle, des Rachens, der Verdauungsorgane, des Bauchfells, der Atmungs- und intrathorakalen Organe, der Knochen, des Bindegewebes, der Haut und der Brustdrüsen, der Harn- und Geschlechtsorgane, der lymphatischen und hämatopoetischen Gewebe, Neubildungen unbekannten Charakters,
– Krankheiten des Stoffwechsels und der inneren Sekretion,
– Krankheiten des Blutes und der blutbildenden Organe,
– organische Krankheiten, organische Krankheiten des Nervensystems, organische Krankheiten der Augen und Ohren, organische Krankheiten des Herzens und der Gefäße, ausgenommen allgemeine Arteriosklerose, Varikose und Frostbeulen, organische Krankheiten der Leber und Pankreas, organische Krankheiten der Harn- und Geschlechtsorgane,
– Geschwülste des Magens und des Darms,
– Epilepsie,
– Geisteskrankheiten,
– Trunksucht,
– krankhafte Komplikation der Schwangerschaft, der Entbindung und des Wochenbetts.

Für die Definition der nicht von der Vorschrift erfaßten Heilbäder, Kurorte und Kuranstalten vgl. Kapitel 7.16.4

7.15 Werbung durch Zugaben

Die Rechtsprechung unterscheidet Werbegabe von Zugabe. Werbegaben im engeren Sinne des Wortes zählen zu den abstrakten Mitteln der Werbung und werden grundsätzlich ohne Rücksicht darauf abgegeben, ob das erhoffte Rechtsgeschäft auch tatsächlich abgeschlossen wird oder nicht. Der einfache Bleistift mit dem Aufdruck einer Praxis ist eine Werbegabe und wird abgegeben, um auf die Praxis aufmerksam zu machen, aber nicht unbedingt, um den Beschenkten zu einem Behandlungsvertrag zu bringen, wohl aber in der Hoffnung, die Werbegabe könnte irgendwann beim Beschenkten oder einem Dritten Aufmerksamkeit erwecken und hierdurch für die Praxis förderlich sein. Die Zugabe ist hingegen von dem Abschluß eines Hauptrechtsgeschäftes abhängig, sie ist akzessorischer Natur. Sie wird entweder gewährt, um den erhofften geschäftlichen Abschluß unter Dach und Fach zu bringen oder im Zusammenhang mit einer solchen bereits vollzogenen Maßnahme. Das OLG Stuttgart (GRUR 1970 S.192) hat den Unterschied definiert: „Man erhält die Werbegabe, damit man kauft, die Zugabe, weil man kauft." Bei den medizinischen Fachberufen und Heilpraktikern geht es nicht um Kauf, sondern um Leistung. Rechtsvorschriften, die die Werbung betreffen, sind für Warenabgabe und Leistungsangebot gleich. Hierbei ist die Rechtsgrundlage § 7 HWG. Das Gesetz lautet: „Es ist unzulässig, Werbeabgaben (Waren oder Leistungen) anzubieten, anzukündigen oder zu gewähren, es sei denn, daß es sich um Gegenstände von geringem Wert handelt, die durch eine dauerhafte und deutlich sichtbare Bezeichnung des Werbenden oder des Arzneimittels oder beider gekennzeichnet sind, um geringwertige Kleinigkeiten oder um Werbegaben handelt, die

Werbegaben sind nicht akzessorisch.

Zugaben sind akzessorisch.

Nur geringwertige sind zulässig ...

... die den Werbenden erkennen lassen.

als Zugaben zulässig wären. § 47 Abs. 3 des Arzneimittelgesetzes bleibt unberührt." Durch Werbegaben und Werbezugaben sollen die Angehörigen der Heilberufe in ihrer Therapiefreiheit nicht beeinträchtigt werden, insbesondere bei der Verschreibung von Arzneimitteln und Heilmitteln. Insoweit wendet sich diese Vorschrift in erster Linie an den Arzt und Heilpraktiker. Auch die Mitglieder medizinischer Fachberufe können mit dem Gesetz in Kollision geraten. Die Vorschrift wendet sich an alle Personen, die Heilmittel empfehlen, verschreiben oder anwenden. Auch die Mitglieder medizinischer Fachberufe wenden Heilmittel an. Die hier relevanten, vom Gesetzgeber ins Auge gefaßten Gefahren beziehen sich auf den Spiraleffekt und die unsachliche Beeinflussung des Endabnehmers. Der Spiraleffekt ist der mit der Werbemethode angekurbelte Umsatz, der aufgrund der bestehenden Nachahmungsgefahr weitere Kostenbelastungen für das öffentliche Gesundheitswesen mit sich bringt (vgl. BayObLNPharmZ 1977 S. 882). Die unsachliche Beeinflussung des Endabnehmers soll nicht zur Selbstmedikamentation durch Laien führen oder Zuviel- und Vielgebrauch von Heilmitteln auslösen. Bei der nachfolgenden Aufzählung geht es in erster Linie um die Frage, ob eine Zugabe im Sinne des Gesetzes vorliegt oder nicht. Falls eine Zugabe angenommen werden sollte, ist der Wert in allen festgestellten Fällen so hoch, daß er nicht mehr als geringwertige Kleinigkeit im Sinne der gesetzlichen Vorschrift angesehen werden könnte. Bei der Bezeichnung „geringwertige Kleinigkeit" kommt dem Begriff „Kleinigkeit" die wesentlichere Bedeutung zu. In erster Linie ist auf den Gebrauchs- oder Verbrauchswert, erst in zweiter Linie auf den Verkehrswert einer Sache abzustellen. Im übrigen gilt für den Begriff „geringwertig" das in Kapitel 7.6 Gesagte.

Das Gesetz will Spiraleffekt und Beeinflussung des Endabnehmers verhindern.

7.15.1 mit Preisausschreiben, Verlosungen, u. a.

Bei Preisausschreiben, Verlosungen und Preisrätseln sind die ausgesetzten Gewinne keine Werbegaben, wenn der am Preisausschreiben oder an der Verlosung Teilnehmende eine tatsächliche Leistung erbringt, indem er die gestellte Frage beantwortet oder einen angemessenen Einsatz für das gezogene Los bezahlt hat. Sind jedoch die vom Teilnehmenden zu erbringenden Leistungen, seien es nun Gedankenleistungen, Geschicklichkeitsleistungen oder die angewandte Phantasie gering oder der eingesetzte Preis für das gezogene Los unbedeutend, so daß ein auffallendes Mißverhältnis zwischen Einsatz und Ergebnis feststellbar wird, dann handelt es sich um Zugaben im Sinne von § 7 HWG.

Preisausschreiben, Verlosungen sind bei entsprechendem Gegenwert zulässig.

7.15.2 durch Abgabe von Mustern, Proben oder Gutscheinen

Außerhalb der Fachkreise darf durch nicht verlangte Abgabe von Mustern, Proben oder Gutscheinen für Verfahren und Behandlungen, aber auch für Arzneimittel und andere Gegenstände nicht geworben werden. Dies untersagt § 11 Nr. 14 HWG. Die Abgabe von Proben, Mustern und Gutscheinen auf Anforderung hin ist nach herrschender Meinung eine Zugabe, die von § 7 HWG untersagt ist. Eine gegenteilige Auffassung vertritt die Ansicht, daß Arzneimittelmuster keine Werbegaben seien, weil bei ihnen der Eprobungszweck im Vordergrund stehe. Demgegenüber wendet die herrschende Meinung ein, daß es sich in erster Linie um ein „billig" eingestuftes Werbemittel der Pharmawirtschaft handelt (Doepner Anm. 27). Gleiches gilt dann auch für Proben und Gutscheine. Gutscheine, die von einem Praxisinhaber verkauft und von dem Erwerber einem Dritten schenkungsweise überlassen werden, sind zulässig. Seit wenigen Jahren sind solche Angebote auf dem Markt anzutreffen. Der Praxinhaber animiert vorzugsweise an Festtagen, an denen Geschenke üblich sind, Gutscheine zum Besuch seiner Praxis und zur Behandlung zu verkaufen, die von den Erwerbern als Geschenk weitergereicht werden. Hiergegen bestehen keine rechtlichen Bedenken.

Nicht verlangte Muster, Proben und Gutscheine sind unerlaubte Werbung.

7.15.3 Bewirtung

Im Zweifel unzulässig.
Unzulässigkeit wird dann ausscheiden, wenn der Anlaß der Bewirtung nicht unmittelbar in der kausalen produkt- bzw. oder leistungsbezogenen Absatzwerbung liegt. Unter Bewirtung ist jede Art der Beköstigung mit Speisen und Getränken zu verstehen.

7.15.4 Rabatte

Rabatte sind zulässig ...

... aber nur Geldrabatte.
Rabatte genießen eine eigenartige Stellung bei den Zugaben. Sie sind sicherlich Werbegaben im Sinne des Gesetzes. Dennoch sind Geld- und Warenrabatte vom Verbot der gesetzlichen Vorschrift des § 7 HWG befreit durch § 1 Abs. 2 b und c der Zugabeverordnung. Nach dieser gesetzlichen Vorschrift darf die Zugabe durchaus in einem bestimmten oder auf eine bestimmbare Art zu berechnenden Geldbetrag bestehen. Der Gesetzgeber hatte angenommen, daß bei so transparenten Vorgängen wie Rabatten oder Geldbeträgen eine Irreführungsgefahr oder Täuschungsgefahr nahezu ausgeschlossen sei. Deshalb ist der Rabatt und die Geldzugabe keine verbotene Leistung im Sinne von § 7 HWG. Sie darf im Rahmen der von § 1 Abs. 2 Zugabeverordnung bestimmten Größen geschehen. Das hier Gesagte gilt nicht für Naturalrabatte (weil es sich nicht um eine Geldleistung handelt). Naturalrabatte liegen jedoch nur dann vor, wenn Warenrabatte gewährt werden, bei Leistungen nur, wenn es sich um die Herstellung einer Ware aufgrund eines Werklieferungsvertrages handelt, also nicht bei der Abgabe von Leistungen der Heilpraktiker und medizinischen Fachberufe.

7.15.5 Reisekosten und unentgeltliche Patientenbeförderung

Die kostenlose Beförderung von Patienten in eine Praxis und aus der Praxis nach Hause kann eine Zugabe sein, die gem. § 7 HWG unzulässig ist. Dazu muß jedoch die Beförderung zum Zwecke einer Heilmittelwerbung durchgeführt werden. Das wird bei dem angesprochenen Leserkreis in den seltensten Fällen der Fall sein. Es ist durchaus denkbar, daß ältere, kranke oder gehbehinderte Personen in die Praxis gebracht oder kostenlos nach Hause gefahren werden. In diesem Zusammenhang wird jedoch der Grund einer solchen Handlung rein altruistisch die Belange des Patienten verfolgen.

Unentgeltliche Beförderung muß als zulässig betrachtet werden.

7.15.6 Erteilung von Auskünften und Ratschlägen

Die Zugabeverordnung gilt nicht bei der Mitteilung von tatsächlichem oder abstraktem Wissen oder bei der persönlichen Belehrung und Erläuterung. Die herrschende Meinung nimmt jedoch an, daß ein Verstoß gegen § 7 HWG vorliegen kann, wenn Ratschläge oder Auskünfte im unmittelbaren Zusammenhang mit einer Heilmittelwerbung stehen.

Nur die Einteilung kausal mit Leistungsangebot macht diese Werbung unzulässig.

7.15.7 Tag der offenen Tür

Die mit dem Tag der offenen Tür verbundene Besichtigungsmöglichkeit einer Praxis ist im Sinne von § 7 HWG keine Warenabgabe und keine Leistung, sondern lediglich eine Informationsmöglichkeit der interessierten Personen. Insoweit ist es zwar eine Werbung, aber keine unzulässige Werbung. Im Rahmen der Besichtigungsmöglichkeit dürfen jedoch keine weiteren Zugaben oder unerlaubte Werbegaben (siehe Kapitel 7.6) angeboten werden.

Tag der offenen Tür ist zulässig.

7.16 Praxisbezeichnung

Mit der Praxisbezeichnung, oder ohne Beschränkung auf eine Gruppe der Mitglieder der freien Berufe ausgedrückt, der Firmenbezeichnung, kann nachhaltig geworben werden. Nicht alle der gewählten Bezeichnungen sind zulässig. Der Maßstab für Zulässigkeit und Unzulässigkeit ist das allgemeine Wettbewerbsrecht (§ 1, 3 UWG). Keine spezielle Regelung des Heilmittelrechts greift ein. Daher müssen die getroffenen Aussagen und Bezeichnungen wahrheitsgemäß sein und dürfen nicht täuschen.

7.16.1 Institut

Massageinstitut im Zweifel zulässig; nur Institut ist bedenklich.

Das Oberlandesgericht Karlsruhe hat noch mit Urteil vom 10.10.1990 (AZ: 6 U 88/90; 0 196/85 KfH) festgestellt, daß die Bezeichnung Institut für eine universitäre Einrichtung steht, an welcher üblicherweise geforscht und gelehrt wird. Die Bezeichnung Institut paßt daher nicht für die Praxis von Therapeuten. Durch Zusätze zu dem Wort Institut kann jedoch dieser auf eine Universitätseinrichtung hindeutende Charakter beseitigt werden. Dieser Zusatz muß allerdings verständlich sein und auf die wirkliche Tätigkeit des Inhabers der Praxis hinweisen. In der Fachwelt noch so bekannte und gebräuchliche Begriffe sind für den Laien dabei noch nicht als ausreichende Erklärung angesehen worden. So hatte beispielsweise eine von zwei Masseuren betriebene Praxis mit der Bezeichnung „Institut für physikalische Therapie" von dem Oberlandesgericht Düsseldorf (WRP 1977 S.796) Irreführungscharakter zugesagt bekommen, mit der Folge, daß diese Bezeichnung als unzulässig erkannt wurde. Anders müßte wohl geurteilt werden, wenn ein Praxisinhaber seine Praxis als „Massageinstitut" bezeichnet. In diesem Wort beggnen sich zwei Begriffe, die miteinander etwas kollidieren, so daß es wissenschaftlich ehrlicher „Massagepraxis" heißen dürfte.

7.16.2 Zentrum

Es gibt Teppichzentren, Gartenzentren und Einkaufszentren. In allen Fällen handelt es sich um Großverkaufsstellen, meist in zentralen Lagen von Gewerbegebieten. Auch eine therapeutische Praxis darf sich Zentrum nennen, wenn die Voraussetzungen erfüllt sind, die von anderen Zentren tatsächlich erfüllt werden. Das Oberlandesgericht Celle (Urteil vom 15.09.1999, AZ: 13 U 349/98) hatte über die zulässige Verwendung des Begriffs „Centrum" zu entscheiden und stellte fest, daß *„es sich um eine .....-einrichtung von besonderem Gewicht handeln (müsse), sei es, was die Methoden (Spezialeinrichtung), den Umfang der angebotenen Tätigkeitsbereiche oder die Größe der Einrichtung angehe."* Der Begriff „Reha-Centrum" sei nicht irreführend im Sinne von § 3 UWG, *„wenn ihr qualifiziertes Leistungsangebot im Verhältnis zu den Wettbewerbern überdurchschnittlich umfangreich ist, und sie darüber hinaus nach ihrer Größe und Leistungsfähigkeit im näheren Bereich ihres Einziehungsgebietes führt".*

Zentrum ist nur zulässig, wenn es ein Zentrum ist.

7.16.3 Reha-Zentrum

„Rehabilitationsleistungen im gesetzlichen Sinne sind medizinische, berufsfördernde und ergänzende Leistungen, die von den Sozialleistungsträgern zur Eingliederung Behinderter in Arbeit, Beruf und Gesellschaft erbracht werden", so das Oberlandesgericht Celle a.a.O. *„Jedenfalls gehen die Verbraucher allein aufgrund der Verwendung des Wortes ‚Reha' (Rehabilitation) nicht davon aus, daß das Angebot (einer solchen Praxis) sämtliche Leistungen erfaßt, die unter den Begriff fallen".* Derjenige, der Reha-Leistungen anbietet oder seine Praxis unter Verwendung des Wortes Reha bezeichnet, befaßt sich nach Feststellung des Oberlandesgerichts Celle *„in aller Regel nur mit einem mehr oder weniger großen Ausschnitt dieser Leistungen".* „Reha-Centrum" dürfen sich nach diesen Vorstel-

lungen Betriebe nennen, die einen (gewichtigen) Anteil der möglichen Rehabilitationsleistungen anbieten und gegenüber Mitbewerbern ein überdurchschnittlich umfangreiches Leistungsangebot aufweisen können und hierdurch ihrer Größe und Leistungsfähigkeit nach auf dem örtlichen Markt führend sind.

Eine Entwicklung wird jedoch zu beachten sein. § 125 a der Gesundheitsreform 2000 regelt die zukünftige Gestaltung von stationären und ambulanten Rehabilitationseinrichtungen, die durch dieses Reglement und im öffentlichen Gesundheitswesen größere Bedeutung gewinnen könnten. Hierdurch könnte sich der Begriff des Rehabilitations-Zentrums (Rehabilitations-Centrum oder Rehabilitations-Centre) dergestalt institutionalisieren, daß er unter Ausschluß anderer Betriebsformen für diese Einrichtungen vorbehalten bleibt. Unter ständiger Beachtung dieser Entwicklung empfiehlt sich, mit solchen Bezeichnungen zurückhaltend umzugehen, insbesondere, weil auch eine Aussage eines Oberlandesgerichts nicht eine Rechtssituation für alle Zukunft eindeutig klärt.

7.16.4 Kuranstalt / Kurbad

Kuranstalt, Kurbad etc. bei strenger Betrachtung außerhalb von Kurorten unzulässig.

Der Begriff Kuranstalt ist nicht gesetzlich definiert. Es handelt sich um eine Krankenanstalt. Als solche muß sie unter ärztlicher Leitung stehen. Bei der Kuranstalt kommen jedoch einige Erfordernisse zusätzlich hinzu. In der Anstalt müssen Behandlungen von längerer Dauer vorgenommen werden, Kurbehandlungen können auch der Vorbeugung von Krankheiten dienen, der Nachsorge und der Behandlung von chronischen Erkrankungen. Dem Begriff Kur wohnt die Notwendigkeit inne, daß vorwiegend natürliche Heilmittel nach einem ärztlichen Plan zur Anwendung kommen und daß der Patient einem Orts- und Milieuwechsel ausgesetzt ist. Nicht synonym mit dem Begriff Kuranstalt sind die Begriffe „Kurhotel, Kurstätte, Kurheim, Kurbad". Mit dem Begriff Kurbad verbindet man wegen des Wortbestandteiles „Kur" jedoch auch das Vorhandensein und die Anwendung ortsgebundener natürlicher Heilmittel im Rahmen von Prävention, Krankenbehandlung und Rehabilitation. Der in Norddeutschland für Massagepraxen häufig verwandte Begriff Kurbad ist zwar bei strenger Auslegung des Gesetzes gegen unlauteren Wettbewerb wettbewerbswidrig, wenngleich gerichtliche Maßnahmen bislang nicht bekannt geworden sind.

7.16.5 Heilbad

Bei der Begriffsbestimmung für „Heilbad" bleibt allenfalls die Möglichkeit, auf eine Definition des Fremdenverkehrsverbandes e.V. zurückzugreifen. Danach ist die Bezeichnung zulässig für Orte oder Ortsteile mit natürlichen, wissenschaftlich anerkannten und erfahrungsgemäß bewährten Heilmitteln des Bodens (Heilwässer, Solen, Heilgase, Peloide) mit überprüftem Lage- und Witterungsklima, mit entsprechenden Kureinrichtungen (Trink- und Wandelhalle mit Kurpark, Kurmittelhaus, Inhalatorium, Einrichtungen der Bewegungstherapie, ausgedehnten Park- und Waldanlagen etc.), einem entsprechenden Kurortcharakter (Badeärzte, kurgemäße Unterkünfte und Verpflegung, Diäten, Unterhaltung und Betreuung der Kurgäste usw.) sowie einer Feststellung und Bekanntgabe der wissenschaftlich anerkannten Hauptheilanzeigen und Gegenanzeigen. Eine Anwendung auf andere Betriebe dürfte sich zwar nicht grundsätzlich verbieten, weil diese Definition keinen amtlichen Charakter trägt. Irreführungselemente existieren jedoch auch ohne eine amtliche Definition, deshalb wird eine Verwendung dieses Begriffs nur dann empfohlen, wenn die wesentlichen Kriterien tatsächlich vorliegen.

Gleiches gilt für Heilbad.

7.16.6 Praxis für Physiotherapie / physikalische Therapie

Physiotherapie und physikalische Therapie sind Synonyme. Das stellt „Meyers Großes Taschenlexi-

Physiotherapie und physikalische Therapie sind Synonyme ...

kon" ebenso dar, wie das dtv-Lexikon. Davon geht das Oberlandesgericht Karlsruhe aus, wenn es ausführt (Urteil vom 10.10.1990, AZ: 6 O 88/90): „Der Begriff der Physiotherapie bzw. der physikalischen Therapie wird in der Bundesrepublik als Oberbegriff für die Leistungen der Krankengymnasten, aber auch der Masseure und medizinischen Bademeister benutzt."

... aber das neue Berufsrecht verwendet sie unterschiedlich.

Nach Kenntnis des Verfassers unterscheidet erstmals das Gesetz über die Berufe in der Physiotherapie (Masseure- und Physiotherapeuten-Gesetz MPhG) vom 26.05.1994 in § 1 Verfahren der physikalischen Therapie als Gegenstände der Ausbildung zum Masseur und med. Bademeister und Verfahren der Physiotherapie als Ausbildungsinhalt der Ausbildung zum Physiotherapeuten begrifflich. Das Auseinanderreißen synonymer Begriffe dürfte hier durch fehlerhafte Begriffsdeutung zustande gekommen sein oder bislang synonyme Begriffe wurden neu definiert. Im letzteren Fall dürfte die Kompetenz des Definitionsgebers u. U. zweifelhaft sein. Unabhängig hiervon existiert für die Tätigkeit der einen Berufsgruppe ein im Gesetz festgelegter Begriff und ein anderer für die Tätigkeit der Physiotherapeuten. Dieser Vorgang erfordert eine gewisse Berücksichtigung im Umgang mit diesen Begriffen. Daher ist Masseuren und med. Bademeistern zu empfehlen, ihre Praxis „Praxis für physikalische Therapie" zu nennen und hiervon abweichend den Physiotherapeuten anzuraten, den Begriff „Praxis für Physiotherapie" zu wählen. Damit wird der Umgang mit den Begriffen nur wettbewerbsrechtlich geregelt; eine umfassende und auch für andere Bereiche geltende begriffliche Bindung dürfte nicht anzuerkennen sein.

8 Arztempfehlung

Die Zusammenarbeit von Arzt und Therapeut ist enger geworden. Sorge hierfür trug der Gesetzgeber und die Selbstverwaltung der Ärzte im ärztlichen Satzungsrecht.

8.1 Gesellschaftsrechtlicher Zusammenschluß

Die Zusammenarbeit zwischen Arzt und Therapeut wird die Tätigkeit des Therapeuten fachlich beleben; sie wird auch eine Empfehlung an die Adresse des Patienten darstellen: Wenn der Therapeut mit einem Arzt zusammenarbeitet, kann dies auf seine Leistung nur fördernde Wirkung haben. Diese Überlegungen stellte auch die Bundesärztekammer an, als sie den Landesärztekammern eine Öffnung des ärztlichen Berufsrechts für eine Zusammenarbeit mit Mitgliedern nichtärztlicher Heilberufe empfahl. Die Landesärztekammern setzten diese Empfehlung um und schufen in den Berufsordnungen der Ärzte Regeln für eine Zusammenarbeit zwischen diesen und Mitgliedern der akademischen und nicht akademischen medizinischen Fachberufe. Seit Mitte der 90er Jahre können hierdurch Ärzte mit Masseuren und med. Bademeistern, Physiotherapeuten, Ergotherapeuten und Logopäden zusammenarbeiten. Diese Zusammenarbeit kann unterschiedlich gestaltet sein.

Die ärztliche Praxis kann mit der Praxis des Therapeuten dergestalt verbunden werden, daß Arzt und Therapeut am gleichen Praxissitz residieren, dennoch aber jeweils eigene Einrichtungen besitzen, die für den Therapeuten eine selbständige Tätigkeit mit eigener Abrechnungsmöglichkeit gegenüber den gesetzlichen Krankenkassen erlauben. Der Arzt kann sich auch an der Praxis des Mitgliedes der medizinischen Fachberufe beteiligen, indem er am Geschäftssitz des Therapeuten eine zweite Sprechstelle einrichtet, die nach Maßgabe der Ärztekammer Bayern dann zulässig sein soll, wenn die Hauptsprechstelle des Arztes vom Praxissitz des Therapeuten (und der Nebensprechstelle oder außenliegenden Sprechstelle des Arztes) nicht weiter entfernt ist, daß sie mit öffentlichen Verkehrsmitteln binnen einer Zeit von 20 Minuten erreicht werden kann (Schreiben der Landesärztekammer Bayern an die Kanzlei des Verfassers vom 15.05.1997). In diesem Falle wird der Arzt zwar den Erstkontakt mit jedem Patienten in seiner Praxis arrangieren müssen, auch in der Praxis des Therapeuten müssen ihm gewisse (in den Berufsrechtsordnungen enthaltene) Vorrechte eingeräumt sein. Danach könnten Therapien in der Praxis des Therapeuten erbracht werden. Insgesamt dürfte jedoch eine solche Zusammenarbeit zwischen Therapeut und Arzt die Dienstleistungen des Therapeuten recht wirkungsvoll anpreisen. In allen Landesberufsordnungen ist vorgeschrieben, daß Name und Berufsbezeichnung des Arztes und des Therapeuten im Praxisschild genannt sein müssen.

Die Rechtsform des Zusammenschlusses kann im Rahmen einer Gesellschaft nach den Regeln des bürgerlichen Rechts oder im Rahmen einer Partnerschaftsgesellschaft erfolgen. Die Partnerschaftsgesellschaft steht allen Mitgliedern der freien Berufe offen. Ärzte und die Mitglieder der medizinischen Fachberufe üben einen freien Beruf aus.

8.2 Zuweisungen

Es herrscht bundesweit die irrige Vorstellung, ein Arzt dürfte keinen bestimmten Therapeuten empfehlen. In den ärztlichen Berufsordnungen ist den Ärzten lediglich eine „Zuweisung gegen Entgelt" verboten, aber keineswegs eine Empfehlung. Ärzte dürfen einen besonders qualifizierten Physiotherapeuten oder Logopäden empfehlen. Sie wären sogar in der Ausübung ihres Arztberufes behindert, dürften sie dies nicht. Daher ist es mit dem lauteren Wettbewerb, den Vorschriften des Heilmittelwerbegesetzes und den berufsrechtlichen Regeln des Arztes durchaus vereinbar, wenn ein Arzt auf die besonderen fachlichen Qualitäten eines Therapeuten hinweist und seinen Patienten Namen und Anschrift dieses Therapeuten bekanntgibt.

9 Werbung und Gewerbebetrieb

Werbung zu treiben, ist nicht Gewerbetreibenden vorbehalten. Auch Mitglieder der freien Berufe haben im Rahmen der rechtlichen Zulässigkeit die Möglichkeit zu werben. Hierdurch ändert sich nicht der Status des Freiberuflers. Werbung ist auch kein Element, das bereits auf einen Gewerbebetrieb hindeutet oder die Tätigkeit des sich freiberuflich betätigenden Unternehmers näher an den Gewerbebetrieb heranrückt. Insofern kann Werbung auch durch ein Mitglied der freien Berufe, durch einen Physiotherapeuten, Masseur und med. Bademeister, Logopäden, Ergotherapeuten, Sporttherapeuten oder Heilpraktiker erfolgen, ohne daß sich diese Person ängstigen muß, als Gewerbebetrieb eingestuft zu werden.

Gewerbebetrieb ist auf Gewinnerwirtschaftung ausgerichtet.

Kommen jedoch mehrere Gewerbebetriebseigenschaften zusammen, die die Tätigkeit eines Mitgliedes der freien Berufe in die Nähe des Gewerbebetriebes rücken oder gar zum Gewerbebetrieb werden lassen, kann die Werbebetätigung ein Element sein, das dem Zünglein an der Waage gleichkommt.

Auch der Freiberufler strebt nach Gewinn, aber andere Berufselemente stehen im Vordergrund.

Zum Begriff des Gewerbebetriebs gehört in erster Linie die Betätigung mit der Absicht, Gewinn zu erzielen. Indiz hierfür ist wiederum eine Betriebsführung, die nach ihrer Wesensart und der Art ihrer Bewirtschaftung auf Dauer dazu geeignet oder bestimmt ist, mit Gewinn zu arbeiten.

Beschäftigt ein Krankengymnast sieben oder mehr Berufskollegen, und arbeiten bei einem Masseur und med. Bademeister einige Physiotherapeuten, dann kann unter Umständen eine rege Werbebetätigung Ausschlag dazu geben, daß das Finanzamt die Unternehmen als Gewerbebetriebe und nicht mehr als Praxis freiberuflich tätiger Personen einstuft. Der entscheidende Unterschied zwischen Gewerbebetrieb und freiberuflicher Beteiligung liegt in der Art und Weise der Beteiligung an der Arbeit (Herrmann/Heuer/Raupach, § 15 grün S. 11).

Ob eine Praxis von einem Mitglied der freien Berufe geführt wird oder Gewerbebetrieb ist, ist für das Verhalten der fachlichen und nichtfachlichen Mitarbeiter, soweit diese beabsichtigen, eigene Werbung zu betreiben, gleichgültig. In allen Fällen von Anstellungsverhältnissen ist der angestellte Mitarbeiter nicht berechtigt, für einen anderen, möglicherweise seinen eigenen späteren Praxisbetrieb Werbung zu betreiben. Solches Handeln kann zur fristlosen Kündigung führen. Nach Beendigung des Anstellungsverhältnisses ist er hieran jedoch nicht mehr gehindert. Für den freien Mitarbeiter gelten diese Grundsätze nur, wenn sie Vertragsabsprachen mit dem Praxisinhaber sind.

Nachwort

Der Verfasser hat in seiner beruflichen Eigenschaft jahrelang Fragen nach der Zulässigkeit und Unzulässigkeit von Werbung durch die Mitglieder von Heilberufen und med. Fachberufen beantwortet. Aufgrund der Änderung der Ansichten zu diesem Thema durch eine sich stets liberalisierende Rechtsprechung hierzu und infolge fehlender Sachinformationen ist den Lesern der aktuelle Stand von zulässigen Werbemaßnahmen weitgehend unbekannt. Der Verfasser möchte keinen Einfluß darauf nehmen, daß sich im Werbeverhalten der Mitglieder der medizinischen Fachberufe oder Heilpraktiker irgend etwas ändert oder nicht. Er möchte nur über die bestehenden rechtlichen Regelungen aufklären und auf die Grenzen zwischen zulässiger Werbung und Wettbewerbsverstößen hinweisen.

Abkürzungsverzeichnis

Baumbach/Hefermehl
Gesetz gegen den Unlauteren Wettbewerb Verlag C.H. Beck, München 1993

BGB
Bürgerliches Gesetzesbuch

BGHZ
Entscheidung des Bundesgerichtshofs in Zivilsachen

BT-Drucksache
Bundestags-Drucksache

BVerfGE
Entscheidung des Bundesverfassungsgerichts

Doepner
Heilmittelwerbegesetz Kommentar, Verlag Pfahlen

ES-HWG
Entscheidungssammlung Heilmittelwerbegesetz

Gloy
Handbuch des Wettbewerbsrechts

GG
Grundgesetz der Bundesrepublik Deutschland

GRUR
Gewerblicher Rechtsschutz und Urheberrecht, Zeitschrift der Deutschen Vereinigung für gewerblichen Rechtsschutz und Urheberrecht

GWB
Gesetz zum Schutz gegen Wettbewerbsbeschränkungen

Herrmann/Heuer/Raupach
Kommentar zum Einkommensteuer- und Körperschaftssteuerrecht Dr. Otto Schmidt KG, Köln

HPG
Heilpraktikergesetz

HWG
Heilmittelwerbegesetz

NJW
Neue Juristische Wochenzeitschrift

OLG
Oberlandesgericht

SGB V
Sozialgesetzbuch, 5. Sozialgesetzbuch

SRH VIII und X
Schriftenreihe zur Heilmittelwerbung Heft 8 und 10

TMI-Pharm&Medical inform
Verlags-GmbH Frankfurt Main

UWG
Gesetz gegen unlauteren Wettbewerb

WRP
Wettbewerb in Recht und Praxis

Stichwortverzeichnis

A

Abbildungen 122
Absatzwerbung 21, 75, 156
Accessoires 162
Allgemeinheit 74
Anerkennungsschreiben 51, 83, 173
Angstgefühl 51, 83, 152
Anzeige 47
Approbation 35
Äquivalenzprinzip 67
Arzneimittel 33, 38, 50
Augenerkrankungen 55
Aushängetafel 131
Auskunft 137
Ausländisches Unternehmen 53
Auslobung 153
Außenwerbung 85
Äußerung Dritter 51, 106, 170, 171, 172
Äußerung, Eigene 171
Autoreklame 91

B

Bandenwerbung 112
Behandlungen 33, 34, 38, 50, 51
Behandlungsberechtigung 66
Benutzungshinweis 171
Berichterstattung 15
Berufsangabe 88
Berufsausübung 27
Berufsausübungsfreiheit 27
Berufskleidung 50, 120, 157, 161
Berufsordnung 25
Berufsrecht 190

Berufsverband 26
Berufsverzeichnisse 133
Betätigung 162
Bezirkstafel 129
BGB-Gesellschaft 89
Bild- und Tonwerbung 12
Bildliche Darstellung 50
Bindungswirkung 61
Blutkrankheiten 55
Briefbeschwerer 127
Briefbogen 63
Briefkastenwerbung 96, 97, 99
Bundesärzteordnung 35
Bundesseuchengesetz 55
Bußgeld 99

D

Dankschreiben 51, 83, 99, 106, 171
Darstellung, bildliche 82, 118, 161, 165
Diagnose 33
Dienstleistung 67
Doktortitel 75

E

Eigenanteil 73
Eigendarstellung 135
Eigendiagnose 153
Eingriffsschwere 27
Einladungskarte 35
Einzel- und Sammelwerbung 12
Elektrogerät 78
Empfehlung 148
Empfehlung Dritter 172
Empfehlungsschreiben 51

Epilepsie 55
Expansionswerbung 10

F

Fachausdruck 145
Fachkreis 7, 35, 37, 52, 126, 145, 149
Fachsprachliche Bezeichnung 51, 119, 149, 150, 151
Fachveröffentlichung 49, 83, 119, 144
Fachwerbung 8, 37, 38
Fahrzeuge 91
Faltblatt 105
Feilbieten 51
Fernbehandlung 54
Fernsehen 77, 171
Feste 77, 82
Fremdsprachliche Bezeichnung 51, 83, 150, 151
Fremdwörter 151
Fürsorgepflicht 95

G

Garantieversprechen 47
Gefäßerkrankung 55
Gegenstände 35, 38, 50, 51, 52
Geisteskrankheit 55
Geldbuße 54
Geldrabatt 178
Gemeinschaftspraxis 87
Gemeinwohl 27, 37
Generalklausel 49
Geringwertigkeitsgrenze 126
Geschwulstkrankheiten 55
Gewerbebetrieb 189
Globalindikation 47
Grafik 161
Grenzfälle 15
Großbuchstaben 118
Großwerbemaßnahmen 77
Gutachten 50, 78, 83, 99, 106, 145, 146, 147, 172

Gutachtenerstellung 49
Güterabwägung 59
Güterkollision 62
Gutschein 35, 51

H

Harnwegserkrankung 55
Hauszeitschrift 51, 156
Heilbad 48, 53, 97, 98, 174, 183
Heilberufe 35, 36, 37
Heilgewerbe 35, 50
Heilhilfsberufe 36, 37
Heilhilfsgegenstände 33
Heilklima 53
Heilmittel 47, 53
Heilmittelwerbegesetz 29
Heilwasser 53
Herzerkrankung 55
Hinweisschild 94
Hörfunk 12, 78
Hotelprospekt 106

I

Information 9, 10, 66
Informationsanzeigen 117
Informationsbedarf 64
Inserat 117
Institut 48
Irreführung 38, 47, 73, 74

J

Jugendliche 51, 108

K

Karikatur 161
Kassenhinweis 141
Kinder 51, 109
Kinderheft 109
Kinderkrankenschwester 36
Kinowerbung 12, 78
Kleinbuchstaben 118

Körperschäden 34, 50
Krankengeschichte 50, 145, 148, 149
Krankenkassen 29, 60, 85
Krankenkassenleistung 141
Krankenpflegeberufe 36
Krankenpflegehelfer 36
Krankenpfleger 36
Krankenschwester 36
Krankhafte Beschwerden 34
Krankheit 34, 50, 51, 174
Kugelschreiber 127
Kur 45, 175
Kuranstalt 53, 98, 100, 175, 182
Kurbad 182, 183
Kurhaus 48
Kurhotel 48
Kurort 53, 97, 183

L

Lebererkrankung 55
Leiden 34
Leistungsangebot 116
Lichtreklame 92
Lokalpresse 15

M

Magenerkrankung 55
Marktschreierische Übertreibung 47
Massageinstitut 180
Medizinisches Kurbad 45
Meerwasser 53
Mengenausweitungen 30
Mieter 94, 95
Mietvertrag 91
Mittel 35
Muster 51, 177

N

Nichtleistungswettbewerb 10
Notizbücher 128

O

Öffnungszeiten 81, 83, 114
Ohrenerkrankung 55
Olympiasignal 82
Ordnungswidrigkeit 54
Organische Krankheiten 55

P

Pankreas 55
Partnerschaftsgesellschaft 87
Patienteneigenanteil 134
Patienteneigenbeteiligung 73
Personengruppen 110
Pflichtinformation 74
Pharmazeutisch-technischer Assistent 36
Physiotherapie 183
Postwurfsendung 96, 97, 99, 100
Praxisangaben 48
Praxisbesonderheit 116
Praxisbezeichnung 180
Praxiseröffnung 21
Praxisgemeinschaft 87
Praxishintergrund 161
Praxisöffnungszeit 99
Praxisschild 63, 84 ff.
Preisausschreiben 51, 153, 176
Pressefreiheit 18
Probe 51, 177
Professorentitel 75
Prophylaxe 34
Prospektwerbung 96
Prüfung 147
Public-Relations-Maßnahmen 6
Publikumswerbung 7, 8, 37, 38, 50, 52, 101, 102, 128, 144, 151, 173

Q

Qualifikation 9

R

Rabatt 178
Radiologieassistent 36
Ratschlag 179
Redaktionelle Bericht-
　erstattung 15, 18, 120
Redaktionelle Zugabe 15
Redaktioneller Hinweis 15

S

Sachkunde 38
Sachleistung 67
Sales-Promotion 6
Sanatorium 100
Schadensersatz 71
Schädliche Wirkungen 48
Schallplatten 129
Schaufenster 89
Schild 90
Schülerzeitung 109
Schulhof 109
Schwangerschaft 55
Selbstbehandlung 38, 152
Selbstdarstellung 133
Selbstmedikation 38
Sittenwidrigkeit 72
Solidargemeinschaft 31
Spielplatz 109
Spieltrieb 155
Spiraleffekt 176
Sportdress 114
Sportkleidung 114
Sportlertrikot 114
Sportverein 112
Stadtbezirkstafel 129
Standesauffassung 27
Standesorganisation 2
Stoffwechselkrankheiten 55
Strafvorschrift 54
Straßenanzug 78
Strichmännchen 82, 91, 92,
　116, 118, 161
Suggestive Werbung 10

T

Tätigkeitsausübung 156
Täuschung 39
Technischer Assistent 36
Therapie, physikalische 183
Therapieformen 81
Titel 48
Trunksucht 55

U

Übertreibung 47
Urlaubszeit 116

V

Veränderung 83
Veranstaltung 77
Vereinssatzungen 27
Verfahren 33, 34, 38, 39
Verkehrsauffassung 40
Verkehrskreise 40, 73
Verkehrsmittel 116
Verlosung 51, 155
Vermieter 95
Veröffentlichung 145
Versorgung 60
Versorgungsvertrag 61, 63,
　66, 139
Vertragliches Wettbewerbs-
　verbot 59
Veterinärmedizinischer
　Assistent 36
Volksversprechen 47

W

Werbeadressaten 6, 9, 12
Werbeaussage 51
Werbegabe 49, 124, 125,
　126, 127, 153, 175, 177
Werbeprospekte 35
Werbeschrift 108
Werbeträger 127
Werbeverbot 26
Werbeverbotsabreden 29

Werbeverzichtsabreden 31
Werbevortrag 35
Werbung 5
Werbung, vergleichende 163
Wert 124
Wertwerbung 12
Wettbewerbsbeschränkungs-
 klausel 62
Wettbewerbsrecht 30
Wettbewerbsverbot 59
Wirksamkeitsüber-
 treibung 48
Wundermittel 48

Z

Zeitschrift 37
Zeugnisse 49, 50, 54, 143,
 145, 172
Zielgruppe 6
Zuwendung 126